# HIT ME WITH YOUR
# *PET SHARK*
## MISHEARD
## LYRICS OF THE 1980s

*CHARLES  GROSVENOR  JR.*

SASQUATCH BOOKS
SEATTLE

Printed in the United States of America
Published by Sasquatch Books
Distributed by PGW/Perseus
15 14 13 12 11 10 09 08     9 8 7 6 5 4 3 2 1

Cover illustration: junkohanherofonts
Cover design: Henry Quiroga
Interior design and composition: Henry Quiroga


Library of Congress Cataloging-in-Publication Data

Grosvenor, Charles, Jr.
 Hit me with your pet shark : misheard lyrics of the
1980s / Charles Grosvenor Jr.
     p. cm.
 ISBN-13: 978-1-57061-576-4
 ISBN-10: 1-57061-576-4
 1.  Music–Humor. 2.  Songs–Texts–Humor.  I. Title.
 PN6231.M85G75 2008
 782.42026'8–dc22

                    2008037594

Sasquatch Books
119 South Main Street, Suite 400
Seattle, WA 98104
(206) 467-4300
www.sasquatchbooks.com
custserv@sasquatchbooks.com

# The Misheard Lyrics Phenomena

---

*It's not hard to do, and you're not alone. It's been happening
for so long, a term for misheard lyrics has been created:*
mondegreen.

---

*There is no topic too obscure or offbeat for a Top 10 song in
the '80s, so it's no wonder the song lyrics are so easily mis-
heard. You can have upbeat songs about nuclear war
("1999"), songs about inanimate objects ("Cars"), songs in a
foreign language ("Rock Me Amadeus"), or all three ("99 Red
Balloons"). Even when the songs are in English, they feature
made-up phrases like "so reet" in the Pretenders' "Brass in
Pocket" or words no one in America has heard, like "combie,"
"chunder," and "vegemite" in Men at Work's "Down Under."*

Misheard lyrics are so easy to identify with that they have found their way into commercials, television shows, and movies. In *Bull Durham*, *Tim Robbins sings about girls that are "wooly" due to his mishearing Otis Redding's "Try a Little Tenderness." A recent cell phone commercial featured someone who thought the Clash's "Rock the Casbah" was actually "Stop the Cat Box."*

*I've been collecting instances of misheard lyrics since 1996, and in that time my editors and I have seen submissions that are just downright hilarious. This book collects the best of the '80s lyrics from the more than 100,000 examples collected on my Web site (amiright.com) by editors and me. Additional material in this book is culled from my '80s-nostalgia Web site (inthe80s.com).*

*Songs and groups in this collection are not strictly from 1980 to 1989. Exceptions have been made for songs from 1979, such as Blondie's "The Tide is High," as they would still be on the radio in the early '80s. A few other songs from before 1979 were also included because they were reissued after their initial release and became popular again in the '80s, such as the Talking Heads' "Psycho Killer" after the Stop Making Sense movie came out.*

# Top 9 Reasons People Mishear Lyrics

Here are some of the reasons people can't understand lyrics while they're listening to songs.

### ↘ 9) LYRICS SUNG TOO FAST

R.E.M.'s "It's the End of the World as We Know It (And I Feel Fine)" is a good example of a singer machine-gunning out the lyrics of a song.

### ↘ 8) MUSIC IS TOO LOUD

Mostly a problem in punk/metal, where the vocals bleed into the din of the music.

### ↘ 7) LYRICS ARE NOT IN LISTENER'S NATIVE TONGUE

Peter Gabriel's "Games without Frontiers" repeats the song title in French.

### ↘ 6) USE OF AN UNUSUAL PROPER NAME

They Might Be Giants' "Ana Ng" is an example, where Ng is a Cantonese family name.

### ↘ 5) DROPPED A LEADING/ TRAILING CONSONANT

Think of words like talkin' or goin'.

### ↘ 4) WORDS SLURRED TOGETHER TO FORM A NEW WORD

Words like "dontcha" instead of "don't you."

### ↘ 3) MADE-UP WORD OR PHRASE TO FIT A RHYME

Like "so reet" in the Pretenders' "Brass in Pocket."

### ↘ 2) SINGER HAS A THICK ACCENT

"Come on Eileen" by Dexy's Midnight Runners is a good example.

### ↘ 1) A SECRET BELIEF THAT ALL SONGS ARE DIRTY

Songs such as "Dancing With Myself" by Billy Idol are frequently considered dirty, even though that particular song really is just about dancing by yourself in a club.

### CRY WOLF

## I'm a pain in his groin

—

**CORRECT //** AND THE PAIN IN HIS CRIES

### THE SUN ALWAYS SHINES ON TV

## Looks the mayor's sending me these days

—

**CORRECT //** LOOKS THE MIRROR'S SENDING ME THESE DAYS

### THE LIVING DAYLIGHTS

## I swear, my nurse is showing

—

**CORRECT //** I SWEAR, MY NERVES ARE SHOWING

### TAKE ON ME

## I'll be coming for your love of cake

—

**CORRECT //** I'LL BE COMING FOR YOUR LOVE, OK?

### ARTIST

## A-Ha

# Add a Letter to a Song Title

Songs that would be improved if the performer added an extra letter to the title.

↘ **BRATDANCE**
"BATDANCE" BY PRINCE

↘ **I JUST DINED IN YOUR ARMS**
"(I JUST) DIED IN YOUR ARMS" BY CUTTING CREW

↘ **BIG TIMEX**
"BIG TIME" BY PETER GABRIEL

↘ **PEOPLE JUST LOVE TO PLAY WITH SWORDS**
"PEOPLE JUST LOVE TO PLAY WITH WORDS" BY MEN AT WORK

↘ **DON'T CRY, POUT LOUD**
"DON'T CRY OUT LOUD" BY MELISSA MANCHESTER

↘ **DON'T YOU FORGET ABOUT MEN**
"DON'T YOU (FORGET ABOUT ME)" BY SIMPLE MINDS

↘ **TELL CHER ABOUT IT**
"TELL HER ABOUT IT" BY BILLY JOEL

# Me, I go from one leg straight to another

—

**CORRECT** // ME, I GO FROM ONE EXTREME TO ANOTHER

*POISON ARROW*

## You've got poison eyebrows

—

**CORRECT** // SHOOT THAT POISON ARROW

*WHEN SMOKEY SINGS*

## When smoke gets in, I fear violence

—

**CORRECT** // WHEN SMOKEY SINGS, I HEAR VIOLINS

# AC/DC

*BACK IN BLACK*

## I got nine lives, cat-size

—

***CORRECT*** // I GOT NINE LIVES, CAT'S EYES

*FOR THOSE ABOUT TO ROCK*

## For those who bought the Rock, we sell Luchoo

—

***CORRECT*** // FOR THOSE ABOUT TO ROCK, WE SALUTE YOU

# Rock and Roll ain't no solution

—

*CORRECT* // ROCK AND ROLL AIN'T NOISE POLLUTION

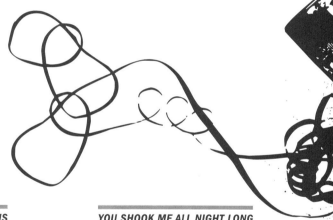

## I was soilin'

—

*CORRECT* // I WAS OILIN'

## You should be all night long

—

*CORRECT* // YOU SHOOK ME ALL NIGHT LONG

# A Flock of Seagulls

*I RAN (SO FAR AWAY)*

## I'm gonna get a Piedmont flight with you

*CORRECT* // I'M FLOATING IN A BEAM OF LIGHT WITH YOU

# After the Fire

*DER KOMMISSAR*

## Calm your sausage down

*CORRECT* // DER KOMMISSAR'S IN TOWN

# Alice Cooper

*POISON*

## I don't want a breakfast chain

*CORRECT* // I DON'T WANNA BREAK THESE CHAINS

# What If Groups Merged?

If two '80s bands decide to combine, here's the new name we suggest they use.

↘ **ABC/DC**
ABC COMBINED WITH AC/DC

↘ **AIR HEADS**
AIR SUPPLY COMBINED
WITH TALKING HEADS

↘ **DEAD AIR**
DEAD KENNEDYS COMBINED
WITH AIR SUPPLY

↘ **DEF JAM**
DEF LEPPARD COMBINED
WITH THE JAM

↘ **FINE YOUNG BOY MEETS
CANNIBAL GIRLS**
FINE YOUNG CANNIBALS
COMBINED WITH
BOY MEETS GIRL

## Do it like a lady

—

***CORRECT*** // DUDE LOOKS
LIKE A LADY

## Kiss yourself surprised

—

***CORRECT*** // KISS YOUR SASSAFRASS

## Jamie's out of gum

—

***CORRECT*** // JANIE'S GOT A GUN

***ARTIST***

# Alphaville

**FOREVER YOUNG**

## Are you gonna drop the bomb on us?

*CORRECT //* ARE YOU GOING TO DROP THE BOMB OR NOT?

# Animotion

**OBSESSION**

## I need you by sonic candlelight

*CORRECT //* I NEED YOU BY SUN OR CANDLELIGHT

# Baltimora

**TARZAN BOY**

## Nighty night, gimme deodorant, gimme deodorant

*CORRECT //* NIGHT TO NIGHT, GIMME THE OTHER, GIMME THE OTHER

# Hamburgers! Are talking in my head!

—

*CORRECT //* HAMBURGER ADS! POP UP IN MY HEAD

# The B-52's

## Real moose, custard

—

*CORRECT //* TIN ROOF, RUSTED

## Roll, Nipsey Russell

—

*CORRECT //* ROAM, IF YOU WANT TO

# The penguins are burning

*CORRECT //* THE PAVEMENTS ARE BURNING

# *Bananarama*

## Guilty as a drunken bean

*CORRECT //* GUILTY AS A GIRL CAN BE

## Gladys on the mountaintop

*CORRECT //* GODDESS ON THE MOUNTAINTOP

# Biggest Hits About Nuclear War

Not all songs from the '80s were upbeat "boy loses girl" songs. Several big hits of the decade described the very real possibility of what would happen in a nuclear war.

## ↘ "99 LUFTBALLONS (99 RED BALLOONS)" BY NENA

This song is based on a real-life incident where a flock of birds almost started World War III by causing an early-attack warning system to give a false warning. The song takes it a bit further by describing what would have happened had calmer heads not prevailed.

## ↘ "1999" BY PRINCE

The reason Prince sings that he wants to party like it's 1999? It's judgment day! The sky is purple, people are running around, and there's destruction everywhere. Prince doesn't care, though—he's going to party anyway!

## ↘ "IT'S A MISTAKE" BY MEN AT WORK

Colin Hay sings of hiding in the shelters and cockin' up the guns. He even makes a quick mention that Ronnie Reagan thinks it's a mistake too.

## ↘ "MOTHERS TALK" BY TEARS FOR FEARS

The song is based on the Raymond Briggs comic novel *Mother's Talk*, which is about nuclear war. The music video also featured a father building a fallout shelter.

## ↘ "TWO TRIBES" BY FRANKIE GOES TO HOLLYWOOD

The two tribes in this song are clearly the Soviets and the Americans, with the Americans represented by thinly veiled references to Reagan. Some of the extended mixes of the song even begin with an air-raid siren and a public service announcement to seek shelter when you hear the sound.

## ↘ "RUSSIANS" BY STING

Sting mentions the Cold War hysteria and growing threats and rhetoric from the Soviet Union. He also calls the bomb "Oppenheimer's deadly toy." It's probably the only song about nuclear war from the '80s with a somber sound to match its subject.

# I don't want to lose this fillet

—

**CORRECT** // I DON'T WANT TO LOSE THIS FEELING

# *The Bangles*

## He tells me in his brand-new voice

—

**CORRECT** // HE TELLS ME IN HIS BEDROOM VOICE

## The Hardy Boys call it gamblin'

—

**CORRECT** // THE PARTY BOYS CALL THE KREMLIN

# And you could be for Halloween

—

**CORRECT //** AND YOU COMPLETE THE HEART OF ME

# Belinda Carlisle

## Ooh, baby, do you love that smurf?

—

**CORRECT //** OOH, BABY, DO YOU KNOW WHAT THAT'S WORTH?

## Lost in your eyes (Weasel in disguise)

—

**CORRECT //** LOST IN YOUR EYES (REASON ASIDE)

**MASQUERADE**

# I'm sure you'll come and join the Moscow raid

—

*CORRECT* // I'M SURE YOU'LL COME
AND JOIN THE MASQUERADE

**THE METRO**

# I'm alone Sitting on a broken glass

—

*CORRECT* // I'M ALONE
SITTING WITH MY EMPTY GLASS

**TAKE MY BREATH AWAY**

# Julio Iglesias, I saw you, in time you slipped away

—

*CORRECT* // THROUGH THE HOURGLASS,
I SAW YOU, IN TIME YOU SLIPPED AWAY

# If I had a chance, I'd ask the world to dance

—

*CORRECT* // IF I HAD A CHANCE, I'D ASK ONE TO DANCE

*ARTIST*

# Billy Idol

*EYES WITHOUT A FACE*

## Pleasure's always mine

—

*CORRECT* // LES YEUX SANS VISAGE

*REBEL YELL*

## In the midnight hour, she comes home, home, home

—

*CORRECT* // IN THE MIDNIGHT HOUR, SHE CRIED, 'MORE, MORE, MORE!'

# Change a Letter in a Song Title

Songs that would be improved if the performer changed a single letter of the title.

**DO YOU REALLY WANT TO HUNT ME?**

"DO YOU REALLY WANT TO HURT ME?" BY CULTURE CLUB

**BIRDHOUSE IN YOUR SOUP**

"BIRDHOUSE IN YOUR SOUL" BY THEY MIGHT BE GIANTS

**GIRLS JUST WANT TO HATE FUN**

"GIRLS JUST WANT TO HAVE FUN" BY CYNDI LAUPER

**HUNGRY MIKE, THE WOLF**

"HUNGRY LIKE THE WOLF" BY DURAN DURAN

**COOKS THAT KILL**

"LOOKS THAT KILL" BY MÖTLEY CRÜE

**PEOPLE JUST LOVE TO PLAY WITH WORMS**

"PEOPLE JUST LOVE TO PLAY WITH WORDS" BY MEN AT WORK

# I am an Elephant Man

*CORRECT* // I AM AN INNOCENT MAN

# Everybody's talking 'bout the new south bunny

*CORRECT* // EVERYBODY'S TALKING 'BOUT
THE NEW SOUND FUNNY

# I've been kicked in the face!

*CORRECT* // I'VE BEEN KEEPING THE FAITH!

# When you were counting on your ovaries

*CORRECT* // WHEN YOU WERE COUNTING ON YOUR ROSARY

**Billy Joe**

---

*PRESSURE*

# I'm sure you'll have some cosmic rash in Hell

*CORRECT* // I'M SURE YOU'LL HAVE SOME COSMIC RATIONALE

---

*WE DIDN'T START THE FIRE*

# Winnie didn't stop to find her

*CORRECT* // WE DIDN'T START THE FIRE

---

*YOU MAY BE RIGHT*

# I walked to bed with style on

*CORRECT* // I WALKED THROUGH BEDFORD-STUY ALONE

# Beastie Boys

### NO SLEEP 'TIL BROOKLYN

## Foot on the pedal 'nother air force metal

*CORRECT* // FOOT ON THE PEDAL, NEVER EVER FALSE METAL

# Billy Ocean

### WHEN THE GOING GETS TOUGH

## Go and get stuffed

*CORRECT* // WHEN THE GOING GETS TOUGH

# Bonnie Tyler

### TOTAL ECLIPSE OF THE HEART

## Love is like a shadow on the elephant's eye

*CORRECT* // YOUR LOVE IS LIKE A SHADOW ON ME ALL OF THE TIME

# *Blondie*

## CALL ME

### Call me, I'm alive!

—

*CORRECT* // CALL ME ON THE LINE

## RAPTURE

### Flash thought he'd flash in on you

—

*CORRECT* // FRANCOIS C'EST PAS FLASHE NON DUE

## THE TIDE IS HIGH

### The tide is high but I'm old enough

—

*CORRECT* // THE TIDE IS HIGH BUT I'M HOLDING ON

# Bad Choices for On-hold Music

Songs you don't want to hear while waiting on hold for a particular business.

↘ **"MONEY CHANGES EVERYTHING" BY CYNDI LAUPER**
INTERNAL REVENUE SERVICE

↘ **"ALIVE AND KICKING" BY SIMPLE MINDS**
FUNERAL PARLOR

↘ **"FREE FALLIN'" BY TOM PETTY**
SKYDIVING HOTLINE

↘ **"BLISTER IN THE SUN" BY THE VIOLENT FEMMES**
TANNING SALON

↘ **"KING OF PAIN" BY THE POLICE**
DENTIST'S OFFICE

↘ **"SHE DRIVES ME CRAZY" BY FINE YOUNG CANNIBALS**
MARRIAGE COUNSELOR

## BAD MEDICINE

### Your love is like bad venison

—

**CORRECT** // YOUR LOVE IS LIKE BAD MEDICINE

## LIVING ON A PRAYER

### For Tommy and Gina who milked that cow

—

**CORRECT** // FOR TOMMY AND GINA WHO NEVER BACKED DOWN

## YOU GIVE LOVE A BAD NAME

### Shot to the arm and your bad aim
### Baby, you give drugs a bad name

—

**CORRECT** // SHOT THROUGH THE HEART AND YOU'RE TO BLAME
BABY, YOU GIVE LOVE A BAD NAME

## ARTIST

*Bon Jovi*

## I had a brother in Arkansas

—

*CORRECT //* I HAD A BROTHER
AT KHE SAHN

## Is that you, baby, or just a pig in this pie?

—

*CORRECT //* IS THAT YOU, BABY,
OR JUST A BRILLIANT DISGUISE?

# My sister's kicking the bleeder

—

*CORRECT //* MESSAGES KEEP GETTING CLEARER

## Her and her custom body, well they split up

—

**CORRECT** // HER AND HER HUSBAND
BOBBY, WELL THEY SPLIT UP

## I gotta watch 'em kiss in Baltimore, Jack

—

**CORRECT** // I GOT A WIFE AND KIDS
IN BALTIMORE, JACK

*ARTIST*

# *Bruce Springsteen*

# Bryan Adams

**CUTS LIKE A KNIFE**

## Kawasaki night! (But it feels so right)

—

***CORRECT*** // CUTS LIKE A KNIFE! (BUT IT FEELS SO RIGHT)

**HEAVEN**

## Through the good times in the bed

—

***CORRECT*** // THROUGH THE GOOD TIMES AND THE BAD

**SUMMER OF '69**

## Standin' on your momma's Porsche

—

***CORRECT*** // STANDIN' ON YOUR MOMMA'S PORCH

# *Bryan Ferry*

**SLAVE TO LOVE**

## Safety love

*CORRECT //* SLAVE TO LOVE

# *The Buggles*

**VIDEO KILLED THE RADIO STAR**

## I took the credit for your sick and simple needs

*CORRECT //* THEY TOOK THE CREDIT FOR YOUR SECOND SYMPHONY

# *Cheap Trick*

**DREAM POLICE**

## The chief of police, he lives inside of my head

*CORRECT //* THE DREAM POLICE, THEY LIVE INSIDE OF MY HEAD

# The Cars

## DRIVE

# Who's gonna plug my ears when you sing?

—

*CORRECT* // WHO'S GONNA PLUG THEIR EARS WHEN YOU SCREAM?

## LET'S GO

## And a whiskey mouth

—

*CORRECT* // AND A RISQUE MOUTH

## SHAKE IT UP

## Do the move with the working jerk

—

*CORRECT* // DO THE MOVE WITH THE QUIRKY JERK

# Songs from the '80s Mashed Up with Newer Songs

Remix artists are constantly combining songs in new and exciting ways. Here are some proposed titles for combinations they might try mixing an '80s tune and a song that came out after the decade was over.

↘ **ACHY BREAKY HEART OF GLASS**

"ACHY BREAKY HEART" BY BILLY RAY CYRUS & "HEART OF GLASS" BY BLONDIE

↘ **TAKE MY ONE LAST BREATH AWAY**

"ONE LAST BREATH" BY CREED & "TAKE MY BREATH AWAY" BY BERLIN

↘ **BABY GOT BACK IN THE HIGH LIFE AGAIN**

"BABY GOT BACK" BY SIR MIX-A-LOT & "BACK IN THE HIGH LIFE AGAIN" BY STEVE WINWOOD

↘ **SAVE A STOLEN PRAYER**

"SAVE A PRAYER" BY DURAN DURAN & "STOLEN PRAYER" BY ALICE COOPER

↘ **BARK AT THE MAN ON THE MOON**

"BARK AT THE MOON" BY OZZY OSBOURNE & "MAN ON THE MOON" BY R.E.M.

↘ **ALIENS EXIST ON MERCURY**

"ALIENS EXIST" BY BLINK-182 & "ON MERCURY" BY RED HOT CHILI PEPPERS

↘ **BECAUSE OF YOU, I CAN'T DRIVE 55**

"BECAUSE OF YOU" OF KELLY CLARKSON & "I CAN'T DRIVE 55" BY SAMMY HAGAR

# The Clash

## LONDON CALLING

'Cause London is barely an hour I live by the river

—

*CORRECT* // 'CAUSE LONDON IS DROWNING AND I LIVE BY THE RIVER

## LONDON'S BURNING

Long lost bunnies

—

*CORRECT* // LONDON'S BURNING

# This indecision's bugging me (Indecision named molester)

—

*CORRECT* // THIS INDECISION'S BUGGING ME
(LA UNDECISIÓN ME MOLESTA)

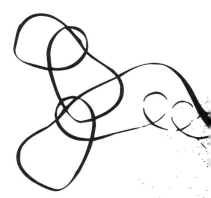

---

*THE MAGNIFICENT SEVEN*

## Eskimo pets

—

*CORRECT* // ESKIMO PENCE

---

*ROCK THE CASBAH*

## Rockin' the cat box

—

*CORRECT* // ROCK THE CASBAH

# That Wasn't Original?

Songs that were more popular the second (or third, or fourth) time they were recorded.

↘ **"ONCE BITTEN, TWICE SHY" BY GREAT WHITE**
PERFORMED FIRST BY IAN HUNTER

↘ **"POLICE ON MY BACK" BY THE CLASH**
PERFORMED FIRST BY THE EQUALS (WITH EDDY GRANT)

↘ **"SMOKIN' IN THE BOYS ROOM" BY MÖTLEY CRÜE**
PERFORMED FIRST BY BROWNSVILLE STATION

↘ **"RED RED WINE" BY UB40**
PERFORMED FIRST BY NEIL DIAMOND

↘ **"STOP YOUR SOBBING" BY THE PRETENDERS**
PERFORMED FIRST BY THE KINKS

↘ **"RADAR LOVE" BY WHITE LION**
PERFORMED FIRST BY GOLDEN EARRING

# To peel the wool between us

—

***CORRECT*** // TO BUILD A WALL BETWEEN US

# *Crowded House*

# Love can make you weak
# Can make your ulcers come up

—

***CORRECT*** // LOVE CAN MAKE YOU WEEP
CAN MAKE YOU RUN FOR COVER

# Kids are cooking in my kitchen

—

***CORRECT*** // THINGS AIN'T COOKING IN MY KITCHEN

# Corey Hart

**SUNGLASSES AT NIGHT**

## Don't be afraid of the diet shakes, oh no

*CORRECT* // DON'T BE AFRAID OF THE GUY IN SHADES, OH NO

# Culture Club

**KARMA CHAMELEON**

## Every day is like the bible

*CORRECT* // EVERY DAY IS LIKE SURVIVAL

# Cutting Crew

**I JUST DIED IN YOUR ARMS TONIGHT**

## Atari sits by the bedside table

*CORRECT* // HER DIARY SITS BY THE BEDSIDE TABLE

# I'll write off the shares you took

—

**CORRECT** // WIRED ON THE PILLS YOU TOOK

# *The Cult*

## Fire! Goat cheese and raisins

—

**CORRECT** // FIRE! SMOKE, SHE IS A RISING

## My tax return Makes my back burn

—

**CORRECT** // OH, THE HEADS THAT TURN MAKE MY BACK BURN

# Oh I toss my leather gloves Where Power Pig can see

—

*CORRECT* // OH I DUST MY LEMON LIES WITH POWDER PINK AND SWEET

## *ARTIST*

# *The Cure*

*FRIDAY I'M IN LOVE*

### Fried egg, I'm in love

—

*CORRECT* // FRIDAY I'M IN LOVE

*LOVE CATS*

### We're so one-flea, one-flea, one-flea, one-flea pity

—

*CORRECT* // WE'RE SO WONDERFULLY, WONDERFULLY, WONDERFULLY, WONDERFULLY PRETTY

# Songs from the '80s Mashed Up with Older Songs

Remix artists are constantly combining songs in new and exciting ways. Here are some proposed titles for combinations they might try with an '80s tune and an even older song.

↘ **BLESS THE HELL THAT IS FOR THE BEASTS AND THE CHILDREN**

"BLESS THE BEASTS AND THE CHILDREN" BY THE CARPENTERS & "HELL IS FOR CHILDREN" BY PAT BENATAR

↘ **BALLAD OF THE RASPBERRY BERETS**

"BALLAD OF THE GREEN BERETS" BY SSGT BARRY SADLER & "RASPBERRY BERET" BY PRINCE

↘ **BLINDED BY THE LIGHT OF THE INVISIBLE SUN**

"BLINDED BY THE LIGHT" BY MANFRED MANN'S EARTH BAND & "INVISIBLE SUN" BY THE POLICE

↘ **BREAK ON THROUGH TO THE OTHER SIDE OF LIFE**

"BREAK ON THROUGH (TO THE OTHER SIDE)" BY THE DOORS & "THE OTHER SIDE OF LIFE" BY THE MOODY BLUES

↘ **THE CANDY MAN IN THE MIRROR**

"THE CANDY MAN" BY SAMMY DAVIS JR. & "THE MAN IN THE MIRROR" BY MICHAEL JACKSON

↘ **SATURDAY NIGHT'S ALRIGHT FOR FIGHTING AUTHORITY SONG**

"SATURDAY NIGHT'S ALRIGHT FOR FIGHTING" BY ELTON JOHN & "THE AUTHORITY SONG" BY JOHN COUGAR MELLENCAMP

# Cyndi Lauper

### *ALL THROUGH THE NIGHT*

## And once we start, the need to clicks

—

***CORRECT*** // AND ONCE WE START, THE METER CLICKS

### *I DROVE ALL NIGHT*

## I drove a knife Deep into you

—

***CORRECT*** // I DROVE ALL NIGHT TO GET TO YOU

### *GIRLS JUST WANT TO HAVE FUN*

## When the world gets naked, Hun

—

***CORRECT*** // WHEN THE WORKING DAY IS DONE

*SHE-BOP*

## Do I wanna go out with a lion cub?

—

*CORRECT //* DO I WANNA GO OUT WITH A
LION'S ROAR?

*TIME AFTER TIME*

## Soon came salami

—

*CORRECT //* SUITCASE OF MEMORIES

# Song Places That Really Exist

Songs aren't just fun to listen to, they can help provide a much-needed boost to your geography curriculum as well. Here are some '80s songs that mention real places.

### ⬎ BEDFORD-STUYVESANT, BROOKLYN, NY

In the song "You May Be Right," Billy Joel sings about various crazy things he has done, and mentions walking through Bedford-Stuy alone. Famous comedian Chris Rock grew up in Bedford-Stuy and had some comments about the perils of having to walk it alone as a child.

### ⬎ CADILLAC RANCH

The subject of the song "Cadillac Ranch" by Bruce Springsteen is a public art installation located near Amarillo, Texas. The ranch contains ten Cadillacs from the tail-fin era of the '50s buried nose first in the ground at an angle with the fins pointing toward the sky.

### ⬎ COMPTON, CALIFORNIA

Compton is a notorious inner suburb of Los Angeles that is the hometown and subject of the song "Straight Outta Compton" by N.W.A. In the lyrics, the group members boast of various crimes they like to commit in their neighborhood.

### ⬎ KILIMANJARO, AFRICA

Toto's song "Africa" mentions that the Kilimanjaro, the tallest mountain in Africa, rises above the Serengeti. The Serengeti is actually located about 155 miles (250 km) away from the mountain, however, so don't use this info in any school reports you need to write.

### ⬎ ROUTE 66

"Route 66," an R&B classic covered in the '80s by Depeche Mode, was a highway that ran through Illinois, Missouri, Kansas, Oklahoma, Texas, New Mexico, Arizona, and California. Also called the "Mother Road," it is a frequent subject of popular culture due to its place in American history.

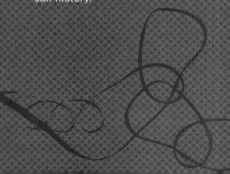

# *Dead or Alive*

**YOU SPIN ME ROUND (LIKE A RECORD)**

## All I know ya seventeen
## You look like you're lots of fun

*CORRECT* // ALL I KNOW IS THAT TO ME
YOU LOOK LIKE YOU'RE LOTS OF FUN

# *Debbie Gibson*

**ONLY IN MY DREAMS**

## Zombie in my dreams

*CORRECT* // ONLY IN MY DREAMS

# *Dexy's Midnight Runners*

**COME ON, EILEEN**

## Come on, love me!

*CORRECT* // COME ON, EILEEN!

# Possum sugar omelet

—

*CORRECT* // POUR SOME SUGAR ON ME

*ARTIST*

# Def Leppard

*ANIMAL*

## Cry wolf, with a mountain mouth

—

*CORRECT* // I CRY WOLF, GIVEN MOUTH TO MOUTH

*ARMAGEDDON IT*

## Are you ready yet?

—

*CORRECT* // ARMAGEDDON IT!

### *HYSTERIA*

## It's a miracle, to see you eat

*CORRECT* // IT'S A MIRACLE, OH SAY YOU WILL

### *PHOTOGRAPH*

## But you hurl on me, like a chair

*CORRECT* // PUT YOUR HURT ON ME, IF YOU DARE

### *ROCKET*

## Save the light of loons

*CORRECT* // SATELLITE OF LOVE

### *ROCK OF AGES*

## Yopen leapin' mountain woman

*CORRECT* // GUNTER GLIEBEN GLAUCHEN GLOBEN

# Depeche Mode

---

### STRANGELOVE

## Because you have to make this like Liverpool

—

*CORRECT* // BECAUSE YOU HAVE TO MAKE THIS LIFE LIVABLE

---

### PEOPLE ARE PEOPLE

## Now you're punchy and your Kiki and your shallow flea

—

*CORRECT* // NOW YOU'RE PUNCHING AND YOU'RE KICKING AND YOU'RE SHOUTING AT ME

---

### MASTER AND SERVANT

## It's the law, it's the law, like life

—

*CORRECT* // IT'S A LOT, IT'S A LOT, LIKE LIFE

# Change a Letter in a Song Title

Songs that would be improved if the performer changed a single letter of the title.

**⬊ HIT ME WITH YOUR BEST SHOE**
"HIT ME WITH YOUR BEST SHOT" BY PAT BENATAR

**⬊ THE HOMECOMING QUEEN'S GOT A GUT**
"THE HOMECOMING QUEEN'S GOT A GUN" BY JULIE BROWN

**⬊ OUR LIPS ARE HEALED**
"OUR LIPS ARE SEALED" BY THE GO-GO'S

**⬊ RUNNING UP THAT BILL**
"RUNNING UP THAT HILL" BY KATE BUSH

**⬊ SLUT SKIRTS**
"SLIT SKIRTS" BY PETE TOWNSHEND

**⬊ A VIEW TO A KILT**
"A VIEW TO A KILL" BY DURAN DURAN

## THE REFLEX

### The reflex is in charge of finding treasure in the dog

—

*CORRECT* // THE REFLEX IS IN CHARGE OF FINDING TREASURE IN THE DARK

## NOTORIOUS

### Lice on my phony disguise

—

*CORRECT* // LIES COME HARDLY DISGUISED

## HUNGRY LIKE THE WOLF

### Seen in the subway: Earth, Wind, and Fire

—

*CORRECT* // STEAM IN THE SUBWAY EARTH IS AFIRE

## ARTIST

# Duran Duran

### RIO

## The end of the drive, a llama to ride

—

***CORRECT*** // AT THE END OF THE DRIVE, THE LAWMEN ARRIVE

### A VIEW TO A KILL

## But you know, the plants I'm making Still overseed

—

***CORRECT*** // BUT YOU KNOW, THE PLANS I'M MAKING STILL OVERSEE

### SECRET OKTOBER

## Wives are naked in Secret Oktober

—

***CORRECT*** // WISE OR NAKED IN SECRET OKTOBER

# Don Henley

**END OF THE INNOCENCE**

## Open up your dusty pants

**CORRECT //** OFFER UP YOUR BEST DEFENSE

# Echo & the Bunnymen

**LIPS LIKE SUGAR**

## Lips like chicken, chicken kisses

**CORRECT //** LIPS LIKE SUGAR, SUGAR KISSES

# Elvis Costello

**OLIVER'S ARMY**

## Olive the zombie is on her way

**CORRECT //** OLIVER'S ARMY ARE ON THEIR WAY

# Remove a Letter from a Song Title

Songs that would be improved if the performer removed a single letter from the title.

↘ **AFTER THE LITTER FADES**
   "AFTER THE GLITTER FADES"
   BY STEVIE NICKS

↘ **88 LIES ABOUT 44 WOMEN**
   "88 LINES ABOUT 44 WOMEN"
   BY THE NAILS

↘ **BETTER BE GOD TO ME**
   "BETTER BE GOOD TO ME"
   BY TINA TURNER

↘ **YES, WITHOUT A FACE**
   "EYES WITHOUT A FACE"
   BY BILLY IDOL

↘ **DARING NIKKI**
   "DARLING NIKKI" BY PRINCE

↘ **LIE IN A NORTHERN TOWN**
   "LIFE IN A NORTHERN TOWN"
   BY THE DREAM ACADEMY

# Elton John

### CANDLE IN THE WIND

## Goodbye, enormous jeans

—

*CORRECT* // GOODBYE, NORMA JEAN

### THE CLUB AT THE END OF THE STREET

## The cat sits still In the club at Vienna Street

—

*CORRECT* // YOU CAN'T STAND STILL
IN THE CLUB AT THE END OF THE STREET

### EMPTY GARDEN

## Can't you come out to play In your red pajamas?

—

*CORRECT* // CAN'T YOU COME OUT TO
PLAY IN YOUR EMPTY GARDEN?

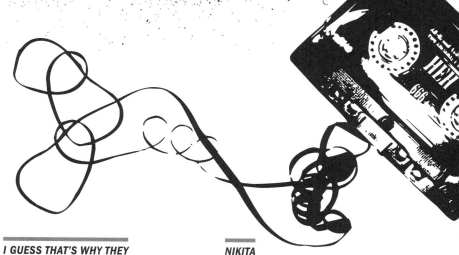

**I GUESS THAT'S WHY THEY CALL IT THE BLUES**

## Cry in the night, if it helps the modern elf

—

*CORRECT //* CRY IN THE NIGHT, IF IT HELPS, BUT MORE THAN EVER

**NIKITA**

## Chicken tikka, is it coal?

—

*CORRECT //* HEY NIKITA, IS IT COLD?

**SAD SONGS**

## And Snuffleupagus can sing the blues

—

*CORRECT //* AND SUFFER JUST ENOUGH TO SING THE BLUES

# Songs from the '80s Mashed Up

Remix artists are constantly combining songs in new and exciting ways. Here are some proposed titles for combinations they might try with pairs of '80s songs.

**↘ AN INNOCENT MANEATER**

"AN INNOCENT MAN" BY BILLY JOEL & "MANEATER" BY HALL & OATES

**↘ I DON'T LIKE MANIC MONDAYS**

"MANIC MONDAY" BY THE BANGLES & "I DON'T LIKE MONDAYS" BY THE BOOMTOWN RATS

**↘ ANOTHER BRICK IN THE WALL IN THE FORTRESS AROUND YOUR HEART**

"ANOTHER BRICK IN THE WALL" BY PINK FLOYD & "FORTRESS AROUND YOUR HEART" BY STING

**↘ BAD BOYS OF SUMMER**

"BAD BOY" BY MIAMI SOUND MACHINE & "BOYS OF SUMMER" BY DON HENLEY

**↘ MAMA SAID KNOCK YOU OUTSIDE**

"MAMA SAID KNOCK YOU OUT" BY LL COOL J & "OUTSIDE" BY THE FIXX

**↘ BILLIE JEAN SHOOK ME ALL NIGHT LONG**

"BILLIE JEAN" BY MICHAEL JACKSON & "YOU SHOOK ME ALL NIGHT LONG" BY AC/DC

# Sweet dreams are made of cheese

*CORRECT //* SWEET DREAMS ARE MADE OF THESE

# *Eurythmics*

## It's all right, babies come in bags

*CORRECT //* IT'S ALL RIGHT,
BABY'S COMING BACK

## Falling on my head like a mule in motion

*CORRECT //* FALLING ON MY HEAD
LIKE A NEW EMOTION

# Erasure

**CHAINS OF LOVE**

## Together, we'll feed my baby

*CORRECT* // TOGETHER, WITH ME AND MY BABY

# Europe

**THE FINAL COUNTDOWN**

## It's the final cowtown

*CORRECT* // IT'S THE FINAL COUNTDOWN

# Falco

**ROCK ME AMADEUS**

## More potatoes, more potatoes

*CORRECT* // AMADEUS, AMADEUS

# Comunicate for natural coffee beans

—

*CORRECT //* COMMUNICATE, PULL OUT YOUR PARTY PIECE

# *The Fixx*

## Rich guys with knives

—

*CORRECT //* RED SKIES AT NIGHT

## State your case to nine

—

*CORRECT //* STATE YOUR PEACE TONIGHT

# Fleetwo

## Picnic love

—

*CORRECT* // BIG, BIG LOVE

## I wanna be with you on a freeway

—

*CORRECT* // I WANNA BE WITH YOU EVERYWHERE

# Sell me fries
# Sell me cheap little fries

—

***CORRECT*** // TELL ME LIES
TELL ME SWEET LITTLE LIES

*od Mac*

---

### And the child
### was a nut
### A nut for me to love

—

***CORRECT*** // AND THE CHILD
WAS ENOUGH, ENOUGH FOR ME TO
LOVE

### I'm a jester round
### the corner

—

***CORRECT*** // I'M JUST AROUND
THE CORNER

# Newer Songs Respond to '80s Songs

These are songs from the '80s that, based on their titles, could be answered by songs that came out after that decade ended.

↘ **"BURNING DOWN THE HOUSE" BY TALKING HEADS**

"I WAS IN THE HOUSE WHEN THE HOUSE BURNED DOWN" BY WARREN ZEVON

↘ **"CHEAP WINE" BY COLD CHISEL**

"LET'S ALL GET DRUNK" BY AFROMAN

↘ **"DANCING ON THE CEILING" BY LIONEL RICHIE**

"FALLIN'" BY ALICIA KEYS

↘ **"DE DO DO DO, DE DA DA DA" BY THE POLICE**

"CALL ME WHEN YOU'RE SOBER" BY EVANESCENCE

↘ **"DO YOU REALLY WANT TO HURT ME" BY CULTURE CLUB**

"THERE'S NO OTHER WAY" BY BLUR

↘ **"WHIP IT" BY DEVO**

"FEELS GOOD" BY TONY! TONI! TONÉ!

# Nuclear War Song Quick Hits

Even upbeat '80s songs that weren't about nuclear war would make quick mentions of nuclear bombs. Here are some samples.

↘ **"FRIENDS OF MINE" BY DURAN DURAN**

"I HOPE THEY DROP THE BOMB"

↘ **"IS THERE SOMETHING I SHOULD KNOW?" BY DURAN DURAN**

"YOU'RE ABOUT AS EASY AS A NUCLEAR WAR"

↘ **"MEDIATE" BY INXS**

"ANNIHILATE, ATOMIC FATE, MEDIATE, CLEAR THE STATE, ACTIVATE, NOW RADIATE"

↘ **"MIDDLE OF THE ROAD" BY THE PRETENDERS**

". . . OR DROPPING THE BOMB ON MY STREET"

↘ **"WALKING IN YOUR FOOTSTEPS" BY THE POLICE**

"IF WE EXPLODE THE ATOM BOMB, WOULD THEY SAY THAT WE WERE DUMB?"

# Thirty watts boy

—

*CORRECT //* DIRTY WHITE BOY

## So near, so far away We pass it to the Broncos

—

*CORRECT //* SO NEAR, SO FAR AWAY
WE PASS EACH OTHER BY

## In my life, there's been hot ice and pain

—

*CORRECT //* IN MY LIFE, THERE'S
BEEN HEARTACHE AND PAIN

# Foreigner

**WAITING FOR A GIRL LIKE YOU**

## So Mormon true

—

**CORRECT //** SO WARM AND TRUE

# With tons of fire
# Hurts the soul

—

*CORRECT* // WITH TONGUES OF FIRE
PURGE THE SOUL

**ARTIST**

# rankie Goes
# to Hollywood

**TWO TRIBES**

## When two tribes go to war
## Money's all that you can score

—

*CORRECT* // WHEN TWO TRIBES
GO TO WAR, A POINT IS ALL YOU CAN
SCORE

**RELAX**

## Relax, don't do it
## Although you've got a sucker to it

—

*CORRECT* // RELAX, DON'T DO IT
WHEN YOU WANNA SUCK TO IT?

# What If Groups Merged?

If two or more '80s bands decide to combine, here's the new name we suggest they use.

**↘ THE GREAT ART OF WHITE NOISE**

THE ART OF NOISE COMBINED WITH GREAT WHITE

**↘ GUNS N' BAND AIDS**

GUNS N' ROSES COMBINED WITH BAND AID

**↘ MIKE + THE MECHANICS FIXX CARS**

MIKE + THE MECHANICS COMBINED WITH THE FIXX AND THE CARS

**↘ POISON SURVIVOR**

POISON COMBINED WITH SURVIVOR

**↘ RED HOT SALT-N-CHILI PEPA**

SALT-N-PEPA COMBINED WITH RED HOT CHILI PEPPERS

## Throwing up on the future

—

***CORRECT*** // SO WE LOOK FOR THE FUTURE

# Genesis

## There's soda, pie, and all

—

***CORRECT*** // THERE'S NO REPLY AT ALL

# She has built-in amenities

—

***CORRECT*** // SHE'S GOT A BUILT-IN ABILITY

## It's always the same, it's just a shame, that song

—

***CORRECT*** // IT'S ALWAYS THE SAME, IT'S JUST A SHAME, THAT'S ALL

# Bad Choices for On-hold Music

Songs you don't want to hear while waiting on hold for a particular business.

↘ **"TAKE MY BREATH AWAY" BY BERLIN**
ASTHMA CLINIC

↘ **"CRUMBLIN' DOWN" BY JOHN COUGAR MELLENCAMP**
CONSTRUCTION COMPANY

↘ **"DANCING IN THE DARK" BY BRUCE SPRINGSTEEN**
ELECTRIC COMPANY

↘ **"POUR SOME SUGAR ON ME" BY DEF LEPPARD**
DIABETES ASSOCIATION

↘ **"WE DIDN'T START THE FIRE" BY BILLY JOEL**
ARSON HOTLINE

↘ **"STAND" BY R.E.M.**
WHEELCHAIR COMPANY

# Gary Numar

**CARS**

**Here in my car
The engine breaks down**

*CORRECT //* HERE IN MY CAR
THE IMAGE BREAKS DOWN

# The Go-Go's

**WE'VE GOT THE BEAT**

**Centipedes go walking down the street**

*CORRECT //* SEE THE PEOPLE WALKING DOWN THE STREET

# Irene Cara

**FLASHDANCE (WHAT A FEELING)**

**Take your pants off and make it happen**

*CORRECT //* TAKE YOUR PASSION AND MAKE IT HAPPEN

# I love your monkey, why do you love me?

—

*CORRECT* // DO YOU LOVE THE MONKEY OR DO YOU LOVE ME?

*ARTIST*

# *George Michael*

*FAITH*

## My Buddhist ocean

—

*CORRECT* // MY FOOLISH NOTION

*FATHER FIGURE*

## To be bowling naked at your side

—

*CORRECT* // TO BE BOLD AND NAKED AT YOUR SIDE

# Songs from the '80s Mashed Up with Newer Songs

Remix artists are constantly combining songs in new and exciting ways. Here are some proposed titles for combinations they might try mixing an '80s tune and a song that came out after the decade was over.

↘ **DUDE, YOU LOOK LIKE A LADY UNDERNEATH YOUR CLOTHES**

"DUDE (LOOKS LIKE A LADY)" BY AEROSMITH & "UNDERNEATH YOUR CLOTHES" BY SHAKIRA

↘ **THE KING AND QUEEN OF PAIN AND RAIN**

"KING OF PAIN" BY THE POLICE & "QUEEN OF RAIN" BY ROXETTE

↘ **CLICK, CLICK, BOOM . . . I MISSED AGAIN!**

"CLICK, CLICK, BOOM" BY SALIVA & "I MISSED AGAIN" BY PHIL COLLINS

↘ **LOVE IS A BATTLEFIELD, BUT IT DOESN'T HAVE TO HURT**

"LOVE IS A BATTLEFIELD" BY PAT BENATAR & "LOVE DOESN'T HAVE TO HURT" BY ATOMIC KITTEN

↘ **DON'T KNOW WHY I CAN'T DRIVE 55**

"DON'T KNOW WHY" BY NORAH JONES & "I CAN'T DRIVE 55" BY SAMMY HAGAR

↘ **ANOTHER PRISONER OF SOCIETY BITES THE DUST**

"PRISONERS OF SOCIETY" BY THE LIVING END & "ANOTHER ONE BITES THE DUST" BY QUEEN

# Guns N'

**MR BROWNSTONE**

## Dancing in the Disco Prime Zone

—

***CORRECT //*** DANCING WITH MR BROWNSTONE

**NIGHTRAIN**

## Take your pretty car to the liquor store

—

***CORRECT //*** TAKE YOUR CREDIT CARD, TO THE LIQUOR STORE

# If you got the money honey, we got George's knees

—

***CORRECT*** // IF YOU GOT THE MONEY HONEY, WE GOT YOUR DISEASE

## Where the grass is free and the girls are easy

—

***CORRECT*** // WHERE THE GRASS IS GREEN AND THE GIRLS ARE PRETTY

# By the time he got his cabbage out, she was gone

—

*CORRECT //* BY THE TIME HE GOT HIS COURAGE UP, SHE WAS GONE

## I can't call collect

—

*CORRECT //* I CAN'T GO FOR THAT

## Your kiss is on my lips

—

*CORRECT //* YOUR KISS IS ON MY LIST

# & Oates

MANEATER

## And you can tell by the purple Jaguar

—

*CORRECT* // A SHE-CAT TAMED BY THE PURR OF A JAGUAR

# That Wasn't Original?

Songs that were more popular the second
(or third, or fourth) time they were recorded.

↘ **"BETTE DAVIS EYES"
BY KIM CARNES**

PERFORMED FIRST
BY JACKIE DESHANNON

↘ **"CHINA GIRL" BY DAVID BOWIE**

PERFORMED FIRST BY IGGY POP
(WHO CO-WROTE IT WITH
DAVID BOWIE)

↘ **"DER KOMMISSAR"
BY AFTER THE FIRE**

PERFORMED FIRST BY FALCO

↘ **"GLORIA" BY LAURA BRANIGAN**

PERFORMED FIRST
BY UMBERTO TOZZI

↘ **"GOT MY MIND SET ON YOU"
BY GEORGE HARRISON**

PERFORMED FIRST
BY JAMES RAY

↘ **"THEY DON'T KNOW"
BY TRACEY ULLMAN**

PERFORMED FIRST
BY KIRSTY MACCOLL

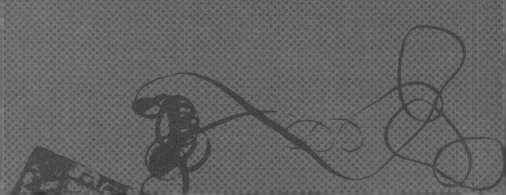

# All I wanna do is tape bugs to you

—

*CORRECT* // ALL I WANNA DO IS MAKE LOVE TO YOU

*Heart*

## Who will co-sign for my loan?

—

*CORRECT* // HOW DO I GET YOU ALONE?

## Cheese trees

—

*CORRECT* // THESE DREAMS

# Howard Jones

## EVERLASTING LOVE

### I need a friend and a lover to buy

—

*CORRECT* // I NEED A FRIEND AND A LOVER DIVINE

## NO ONE IS TO BLAME

### Ask directions in the clouds but your hopes go down the drain

—

*CORRECT* // ASPIRATIONS IN THE CLOUDS BUT YOUR HOPES GO DOWN THE DRAIN

## NEW SONG (DON'T CRACK UP)

### Throw off your manta rays

—

*CORRECT* // THROW OFF YOUR MENTAL CHAINS

# They Did a Christmas Song?

Christmas songs aren't generally considered to be cutting edge or heavy metal– or rap-worthy. Yet here are some groups that you wouldn't have expected to have performed a Christmas song.

**⭲ CAPTAIN SENSIBLE**

PERFORMED A SONG CALLED "ONE CHRISTMAS CATALOGUE"

**⭲ RUN-DMC**

PERFORMED A SONG CALLED "CHRISTMAS IN HOLLIS" USED IN THE OPENING TO THE BRUCE WILLIS MOVIE *DIE HARD*

**⭲ BILLY SQUIER**

PERFORMED A SONG CALLED "CHRISTMAS IS THE TIME TO SAY 'I LOVE YOU'"

**⭲ KURTIS BLOW**

PERFORMED A SONG CALLED "CHRISTMAS RAPPIN'"

**⭲ SPINAL TAP**

PERFORMED A SONG CALLED "CHRISTMAS WITH THE DEVIL"

# Now the album may be badly beaten

—

*CORRECT* // NOW THE OLD BOY MAY BE BARELY BREATHING

# Huey Lewis & the News

*HAPPY TO BE STUCK WITH YOU*

## I'm so happy to discomfort you

—

*CORRECT* // I'M SO HAPPY TO BE STUCK WITH YOU

*I WANT A NEW DRUG*

## I want a new truck

—

*CORRECT* // I WANT A NEW DRUG

*HIP TO BE SQUARE*

## It's what the bees wear

—

*CORRECT* // IT'S HIP TO BE SQUARE

*POWER OF LOVE*

## Tougher than diamonds Quick-set cream

—

*CORRECT* // TOUGHER THAN DIAMONDS RICH LIKE CREAM

*IF THIS IS IT*

## Is this a zit? Please let me know

—

*CORRECT* // IF THIS IS IT, PLEASE LET ME KNOW

# Careful with That Spacebar, Eugene

What a difference an extra or a missing space can make in a song title.

**↘ AGAIN STALL ODDS**

"AGAINST ALL ODDS (TAKE A
LOOK AT ME NOW)"
BY PHIL COLLINS

**↘ HANDING LOVE**

"HAND IN GLOVE"
BY THE SMITHS

**↘ HOT FOR TEA, CHER?**

"HOT FOR TEACHER"
BY VAN HALEN

**↘ IRAN**

"I RAN"
BY A FLOCK OF SEAGULLS

**↘ KID SIN AMERICA**

"KIDS IN AMERICA"
BY KIM WILDE

## I'm only human, born to make me steaks

—

**CORRECT //** I'M ONLY HUMAN, BORN TO MAKE MISTAKES

## And fun to see the fatsos running

—

**CORRECT //** AND PLAIN TO SEE THE FACTS ARE CHANGING

## Switch your legs and find, do you think you'll change your mind?

—

**CORRECT //** IT'S MUCH TOO LATE TO FIND YOU THINK YOU'VE CHANGED YOUR MIND?

## Here comes the mirror man, says he's a meatball fan

—

**CORRECT //** HERE COMES THE MIRROR MAN, SAYS HE'S A PEOPLE FAN

*ARTIST*

# Human League

# INXS

### NEED YOU TONIGHT

## Your knees are so raw

—

*CORRECT* // YOUR MOVES
ARE SO RAW

### LISTEN LIKE THIEVES

## Livin' like Steve

—

*CORRECT* // LISTEN LIKE THIEVES

### MYSTIFY

## Mister find,
## Mister find me

—

*CORRECT* // MYSTIFY, MYSTIFY ME

# Dead inside, dead inside Every single one of us is dead inside

—

*CORRECT* // DEVIL INSIDE, DEVIL INSIDE
EVERY SINGLE ONE OF US, A DEVIL INSIDE

---

## You wanna make a super salad bar

—

*CORRECT* // YOU WANT TO MAKE HER,
SUICIDE BLONDE

## Don't you swim in the river

—

*CORRECT* // DON'T YOU SEE
THERE IS A RHYTHM?

# The devil talking towards the chanting horse

—

*CORRECT* // BUT I FEEL DRAWN TOWARDS THE CHANTING HORDES

# Iron Maiden

## Can I play with matches

—

*CORRECT* // CAN I PLAY WITH MADNESS

## The evil Batman do

—

*CORRECT* // THE EVIL THAT MEN DO

# Products Bands Should Promote Based on Their Names

Most band names seem to have very little connection with what their music sounds like. If these bands weren't already in the music business, they could capitalize on these business ideas based on their names.

- ↘ AIR SUPPLY SHOULD ENDORSE SCUBA TANKS.

- ↘ THE B-52'S SHOULD ENDORSE THE UNITED STATES AIR FORCE.

- ↘ BLONDIE SHOULD ENDORSE HAIR DYE.

- ↘ DEF LEPPARD SHOULD ENDORSE EXOTIC VETERINARY CENTERS.

- ↘ THE HOOTERS SHOULD ENDORSE HOOTERS RESTAURANTS.

# Those varsity sweaters are melting to the touch

—

*CORRECT //* THOSE SOFT FUZZY SWEATERS, TOO MAGICAL TO TOUCH

# J. Geils Band

## Grease face!

—

*CORRECT //* FREEZE FRAME!

## I don't care what any cabin boy thinks

—

*CORRECT //* I DON'T CARE WHAT ANY CASANOVA THINKS

**ARTIST**

# Joan Jett & the Blackhearts

*I LOVE ROCK 'N ROLL*

## That's no matter, he said, 'cause it's all insane

*CORRECT* // THAT DON'T MATTER, HE SAID, 'CAUSE IT'S ALL THE SAME

**ARTIST**

# John Parr

*ST ELMO'S FIRE*

## I can see the pandas fly

*CORRECT* // I CAN SEE THE BANNERS FLY

**ARTIST**

# Kiss

*LET'S PUT THE X IN SEX*

## You're begging for an apple, but you only get a peach

*CORRECT* // YOU'RE BEGGING FOR AN EYEFUL, BUT YOU ONLY GET A PEEK

# What If Groups Merged?

If two '80s bands decide to combine, here's the new name we suggest they use.

**↘ SIMPLE RED MINDS**

SIMPLE MINDS COMBINED WITH SIMPLY RED

**↘ SOFT NEW KIDS ON THE CELL BLOCK**

SOFT CELL COMBINED WITH NEW KIDS ON THE BLOCK

**↘ STEVIE NICKS CARS**

STEVIE NICKS COMBINED WITH THE CARS

**↘ THEY MIGHT BE DEAD**

THEY MIGHT BE GIANTS COMBINED WITH THE GRATEFUL DEAD

**↘ TONE DEF**

TONE LOC COMBINED WITH DEF LEPPARD

**Janet Jackson**

*MISS YOU MUCH*

# I mishy-mush

*CORRECT //* I MISS YOU MUCH

*NASTY*

# (Nasty) Nasty boys, don't eat a thing

*CORRECT //* (NASTY) NASTY BOYS, DON'T MEAN A THING

*RHYTHM NATION*

# We are part of a river nation

*CORRECT //* WE ARE PART OF A RHYTHM NATION

*WHAT HAVE YOU DONE FOR ME LATELY?*

# Used to be a time when you would pimp for me

*CORRECT //* USED TO BE A TIME WHEN YOU WOULD PAMPER ME

# *Journey*

**BE GOOD TO YOURSELF**

## I want a little piece of Mike's potential

—

*CORRECT* // I WANT A LITTLE PIECE OF MIND TO TURN TO

**ASK THE LONELY**

## When you're feeling loads of hair

—

*CORRECT* // WHEN YOU'RE FEELING LOVE'S UNFAIR

**DON'T STOP BELIEVIN'**

## Some were born to bring the booze

—

*CORRECT* // SOME WERE BORN TO SING THE BLUES

**SEPARATE WAYS (WORLDS APART)**

## True love,
## one dessert chew

—

*CORRECT* // TRUE LOVE
WON'T DESERT YOU

**WHO'S CRYING NOW?**

## Some minestrone
## nights

—

*CORRECT* // SO MANY STORMY NIGHTS

**OPEN ARMS**

## So now I come to you
## With leprechauns

—

*CORRECT* // SO NOW I COME TO YOU
WITH OPEN ARMS

# Judas Pr

## I set my sights on little old men

—

***CORRECT*** // I SET MY SIGHTS AND THEN HOME IN

# Praisin' the Lord!
# Praisin' the Lord!

—

*CORRECT //* BREAKIN' THE LAW! BREAKIN' THE LAW!

---

## I'm your turtle lover

—

*CORRECT //* I'M YOUR TURBO LOVER

## Stand tall, I've got a cattle prod

—

*CORRECT //* STAND TALL, I'M YOUNG AND KINDA PROUD

# Just a parking lot in my belly

—

***CORRECT //*** JUST A-POPPING UP IN MY MEMORY

# Kate Bush

## I'd get him to swallow faces

—

***CORRECT //*** I'D GET HIM TO SWAP OUR PLACES

## Pay God, drinking Coke

—

***CORRECT //*** PRAY GOD, YOU CAN COPE

# Songs from the '80s Mashed Up

Remix artists are constantly combining songs in new and exciting ways. Here are some proposed titles for combinations they might try with pairs of '80s songs.

↘ **REALLY SAYING SOMETHING NASTY**

"REALLY SAYING SOMETHING" BY BANANARAMA & "NASTY" BY JANET JACKSON

↘ **HELL IS BENT FOR LEATHER CHILDREN**

"HELL BENT FOR LEATHER" BY JUDAS PRIEST & "HELL IS FOR CHILDREN" BY PAT BENATAR

↘ **I CAN'T DRIVE BACK IN TIME**

"I CAN'T DRIVE 55" BY SAMMY HAGAR & "BACK IN TIME" BY HUEY LEWIS & THE NEWS

↘ **TALK DIRTY TO ME LIKE A VIRGIN**

"TALK DIRTY TO ME" BY POISON & "LIKE A VIRGIN" BY MADONNA

↘ **KING ARTHUR'S THEME OF PAIN**

"KING OF PAIN" BY THE POLICE & "ARTHUR'S THEME" BY CHRISTOPHER CROSS

↘ **LET'S PUT THE X IN XANADU**

"LET'S PUT THE X IN SEX" BY KISS & "XANADU" BY OLIVIA NEWTON-JOHN

# Kim Carnes

**BETTE DAVIS EYES**

## Her head's a hollow bowl

*CORRECT* // HER HAIR IS HARLOW GOLD

# Kim Wilde

**KIDS IN AMERICA**

## We're the kids in a marathon

*CORRECT* // WE'RE THE KIDS IN AMERICA

# Laura Branigan

**GLORIA**

## I think they got the aliens
## That you've been living under

*CORRECT* // I THINK THEY GOT THE ALIAS
THAT YOU'VE BEEN LIVING UNDER

# Almost killed a bird today

—

*CORRECT* // ALWAYS WHERE I BURN TO BE

# *Kenny Loggins*

## Get on the whole-wheat track

—

*CORRECT* // C'MON BEFORE WE CRACK

## When you gonna give me a bite?

—

*CORRECT* // WHY YOU GOT TO GIMME A FIGHT?

# Sharon, is it meat you're looking for?

*CORRECT //* HELLO, IS IT ME YOU'RE LOOKING FOR?

## ARTIST

# *Lionel Richie*

### DANCING ON THE CEILING

## People starting a clown waltz

*CORRECT //* PEOPLE WERE STARTING TO CLIMB THE WALLS

### SAY YOU, SAY ME

## Playing games with the dog

*CORRECT //* PLAYING GAMES IN THE DARK

# Songs from the '80s Mashed Up

Remix artists are constantly combining songs in new and exciting ways. Here are some proposed titles for combinations they might try with pairs of '80s songs.

**↘ BLAME IT ON THE PURPLE RAIN**

"BLAME IT ON THE RAIN" BY MILLI VANILLI & "PURPLE RAIN" BY PRINCE & THE REVOLUTION

**↘ WELCOME TO THE JUNGLE LAND OF CONFUSION**

"WELCOME TO THE JUNGLE" BY GUNS N' ROSES & "LAND OF CONFUSION" BY GENESIS

**↘ BRASS MONKEY IN POCKET**

"BRASS MONKEY" BY BEASTIE BOYS & "BRASS IN POCKET" BY THE PRETENDERS

**↘ BURNING DOWN ONE SIDE OF THE HOUSE**

"BURNING DOWN ONE SIDE" BY ROBERT PLANT & "BURNING DOWN THE HOUSE" BY TALKING HEADS

**↘ EVERYBODY WANTS TO RULE THE SPIRITS IN THE MATERIAL WORLD**

"EVERYBODY WANTS TO RULE THE WORLD," BY TEARS FOR FEARS & "SPIRITS IN THE MATERIAL WORLD" BY THE POLICE

**↘ FIGHT FOR YOUR RIGHT TO PARTY ALL THE TIME**

"(YOU GOTTA) FIGHT FOR YOUR RIGHT (TO PARTY!)" BY THE BEASTIE BOYS & "PARTY ALL THE TIME" BY EDDIE MURPHY

# Loverboy

### TURN ME LOOSE

## Candy loops

*CORRECT* // TURN ME LOOSE

### I DON'T WANNA MISS A THING

## I don't want to miss James Dean

*CORRECT* // I DON'T WANNA MISS A THING

### WHEN IT'S OVER

## You don't need his animal eyes

*CORRECT* // YOU DON'T NEED HIS ALIBIS

# Madness

**OUR HOUSE**

## Our house was our hassle and our heap

*CORRECT* // OUR HOUSE WAS OUR CASTLE AND OUR KEEP

# Men without Hats

**SAFETY DANCE**

## We can dance to the lotto

*CORRECT* // WE CAN DANCE IF WE WANT TO

# Midnight Oil

**BEDS ARE BURNING**

## The time has come to save this sphere

*CORRECT* // THE TIME HAS COME TO SAY FAIR'S FAIR

# Strangers making the most of my dog

—

*CORRECT //* STRANGERS MAKING THE MOST OF THE DARK

# *Madonna*

## Hollandaise, salivate

—

*CORRECT //* HOLIDAY, CELEBRATE

*INTO THE GROOVE*

## You can dance for perspiration

*CORÆCT* // YOU CAN DANCE FOR INSPIRATION

*LA ISLA BONITA*

## Last night, the rent of soft bagels

*CORÆCT* // LAST NIGHT, I DREAMT OF SAN PEDRO

*LIKE A PRAYER*

## I'm down on my knees, in my underwear

*CORRECT* // I'M DOWN ON MY KNEES,
I WANNA TAKE YOU THERE

*LIKE A VIRGIN*

## Your love thought I was a scarecrow

*CORÆCT* // YOUR LOVE THAWED OUT WHAT WAS SCARED AND COLD

*PAPA DON'T PREACH*

## Popalong Beach, I can swim out deep

*CORÆCT* // PAPA DON'T PREACH, I'M IN TROUBLE DEEP

# Newer Songs Respond to '80s Songs

These are songs from the '80s that, based on their titles, could be answered by songs that came out after that decade ended.

↘ **"DON'T YOU (FORGET ABOUT ME)" BY SIMPLE MINDS**
"AMNESIA" BY CHUMBAWAMBA

↘ **"WHY CAN'T I BE YOU?" BY THE CURE**
"I'M TOO SEXY" BY RIGHT SAID FRED

↘ **"EAT IT" BY "WEIRD AL" YANKOVIC**
"MMM MMM MMM MMM" BY THE CRASH TEST DUMMIES

↘ **"HIT ME WITH YOUR BEST SHOT" BY PAT BENATAR**
"I'LL BE MISSING YOU" BY PUFF DADDY & FAITH EVANS FEATURING 112

↘ **"I HATE MYSELF FOR LOVING YOU" BY JOAN JETT & THE BLACKHEARTS**
"TOO BAD" BY NICKELBACK

↘ **"WORLD, SHUT YOUR MOUTH" BY JULIAN COPE**
"ENJOY THE SILENCE" BY DEPECHE MODE

# *Modern Englisl*

**MELT WITH YOU**

## I'll stop the world and marry you

*COR*I*ECT* // I'LL STOP THE WORLD AND MELT WITH YOU

# *Naked Eye*

**ALWAYS SOMETHING THERE TO REMIND ME**

## There is always someone naked behind me

*COR*I*ECT* // THERE IS ALWAYS SOMETHING THERE TO REMIND ME

# *Nen*

**99 RED BALLOONS**

## Nine to nine, Aunt Esther's late

*COR*I*ECT* // NINETY-NINE MINISTERS MEET

## Beer gut Johnny

—

*CORRECT* // BE GOOD, JOHNNY

## Traveling on a flight with Gumby

—

*CORRECT* // TRAVELING IN A FRIED-OUT COMBIE

# Men at Work

# I like it here with my chowder friends
# Here they come, those meanies again!

—

*CORRECT* // I LIKE IT HERE WITH MY CHILDHOOD FRIEND
HERE THEY COME, THOSE FEELINGS AGAIN!

## Close to beer and fade away

—

*CORRECT* // GHOSTS APPEAR
AND FADE AWAY

# Emptiness is filling me, missing one in sodomy

—

CORRECT // EMPTINESS IS FILLING ME, MISSING ONE INSIDE OF ME

# Metallica

## Lambs on Satan's door, I shall pass

—

CORRECT // LAMB'S BLOOD PAINTED DOOR, I SHALL PASS

## Tied to machines that make me pee

—

CORRECT // TIED TO MACHINES THAT MAKE ME BE

# That Wasn't Original?

Songs that were more popular the second
(or third, or fourth) time they were recorded.

↘ **"GROOVY KIND OF LOVE"
BY PHIL COLLINS**
PERFORMED FIRST BY WAYNE
FONTANA & THE MINDBENDERS

↘ **"REALLY SAYING SOMETHING"
BY BANANARAMA**
PERFORMED FIRST
BY THE MARVELETTES

↘ **"THE TIDE IS HIGH" BY BLONDIE**
PERFORMED FIRST
BY THE PARAGONS

↘ **"HIGHER GROUND" BY
THE RED HOT CHILI PEPPERS**
PERFORMED FIRST
BY STEVIE WONDER

↘ **"I DIDN'T MEAN TO TURN YOU
ON" BY ROBERT PALMER**
PERFORMED FIRST
BY CHERRELLE

↘ **"IKO IKO" BY THE BELLE STARS**
PERFORMED FIRST
BY THE DIXIE CUPS

# Michael Jackson

## But the kid is very dumb

—

***CORRECT*** // BUT THE KID IS NOT MY SON

## I'm black, I'm black, you know it

—

***CORRECT*** // I'M BAD, I'M BAD, YOU KNOW IT

## A life that's all caffeine

—

***CORRECT*** // A LIFE THAT'S SO CAREFREE

*MAN IN THE MIRROR*

## And no mustache for the man and his clippers

*CORRECT //* AND NO MESSAGE COULD HAVE BEEN ANY CLEARER

*SMOOTH CRIMINAL*

## Annie are you Oakley, are you Oakley Annie?

*CORRECT //* ANNIE ARE YOU OK, ARE YOU OK ANNIE?

*THRILLER*

## 'Cause this is dinner, dinner knife

*CORRECT //* 'CAUSE THIS IS THRILLER, THRILLER NIGHT

*WANNA BE STARTIN' SOMETHIN'*

## You're the same mama-san from Arkansas

*CORRECT //* MAMA SE, MAMA SA, MA MA COO SA

# Raising hell like a southern belle

—

***CORRECT*** // RAISING HELL AT THE SEVENTH VEIL

# Mötley

## She's a noble poutine

—

***CORRECT*** // SHE'S A NUMBER THIRTEEN

# Crüe

---

**SMOKIN' IN THE BOYS ROOM**

## Everybody knows that smokin' in the "lav" is cool

—

***CORRECT*** // EVERYBODY KNOWS THAT SMOKIN' AIN'T ALLOWED IN SCHOOL

---

**WILD SIDE**

## Save the lesson for the Bible ring

—

***CORRECT*** // SAVE THE BLESSINGS FOR THE FINAL RING

## BROKEN WINGS

# Baby, solar node

—

***CORRECT*** // BABY, IT'S ALL I KNOW

## ARTIST

# Mr Mister

## IS IT LOVE?

## Is it love or laughter?

—

***CORRECT*** // IS IT LOVE WE'RE AFTER?

## KYRIE

## Carry a laser down the road that I must travel

—

***CORRECT*** // KYRIE ELEISON, DOWN THE ROAD THAT I MUST TRAVEL

# They Did a Christmas Song?

Christmas songs aren't generally considered to be cutting edge or heavy metal– or rap-worthy. Yet here are some groups that you wouldn't have expected to have performed a Christmas song.

**↘ THEY MIGHT BE GIANTS**
PERFORMED A SONG CALLED "SANTA'S BEARD"

**↘ SIOUXSIE & THE BANSHEES**
PERFORMED A SONG CALLED "ISRAEL"

**↘ BUSTER POINDEXTER**
PERFORMED A SONG CALLED "ZAT YOU, SANTA CLAUS?"

**↘ NEW KIDS ON THE BLOCK**
PERFORMED A SONG CALLED "LAST NIGHT I SAW SANTA CLAUS" AND RECORDED AN ENTIRE ALBUM OF CHRISTMAS MUSIC

**↘ JOAN JETT & THE BLACKHEARTS**
PERFORMED A SONG CALLED "LITTLE DRUMMER BOY"

# I feel shot right through my Fallopian tubes

—

*CORRECT* // I FEEL SHOT RIGHT THROUGH WITH A BOLT OF BLUE

# New Order

## I cannon shallow bay

—

*CORRECT* // I CAN AND SHALL OBEY

## To the trout I lost, replaced right here

—

*CORRECT* // TO THE CHILDHOOD I LOST, REPLACED BY FEAR

# *Olivia Newton-John*

## A LITTLE MORE LOVE

### It gets me nowhere, with an Italian nose

—

*CORRECT* // IT GETS ME NOWHERE, TO TELL YOU NO

## MAGIC

### Don't let your Aunt have her way

—

*CORRECT* // DON'T LET YOUR AIM EVER STRAY

## TWIST OF FATE

### It's gotta be a strange twisted scar face

—

*CORRECT* // IT'S GOTTA BE A STRANGE TWIST OF FATE

ARTIST

# he Outfield

*YOUR LOVE*

## Josie has a Playstation far away

*CORÆCT* // JOSIE'S ON A VACATION FAR AWAY

ARTIST

# Ozzy Osbourne

*CRAZY TRAIN*

## I'm going out with Ray and his crazy friends

*CORÆCT* // I'M GOING OFF THE RAILS ON A CRAZY TRAIN

ARTIST

# Psychedelic Furs

*PRETTY IN PINK*

## She weighs as much your shirt

*CORÆCT* // SHE WAVES, SHE BUTTONS YOUR SHIRT

# Careful with That Spacebar, Eugene

What a difference an extra or a missing space can make in a song title.

↘ **MAKIN' GLOVE OUT OF NOTHING AT ALL**
"MAKING LOVE OUT OF NOTHING AT ALL" BY AIR SUPPLY

↘ **SHOCK THEM ON KEY**
"SHOCK THE MONKEY" BY PETER GABRIEL

↘ **SUNG LASSES AT NIGHT**
"SUNGLASSES AT NIGHT" BY COREY HART

↘ **TEMPT ED**
"TEMPTED" BY SQUEEZE

↘ **WANT ED, DEAD OR ALIVE**
"WANTED DEAD OR ALIVE" BY BON JOVI

# Pat Ben

## Hit me with your pet shark

—

***CORRECT*** // HIT ME WITH
YOUR BEST SHOT

*LOVE IS A BATTLEFIELD*

# Octopus glowing
# Love is a battle field

---

***CORRECT*** // BOTH OF US KNOWING
LOVE IS A BATTLEFIELD

*SHADOWS OF THE NIGHT*

## We're riding with our saddles on tonight

---

***CORRECT*** // WE'RE RUNNING
WITH THE SHADOWS OF THE NIGHT

*WE BELONG*

## Wash the valley clean

---

***CORRECT*** // WASH THE PALETTE CLEAN

# He's a cold heated plate

—

**CORRECT** // HE'S A COLD-HEARTED SNAKE

# Paula Abdul

## And you know kitty fiction just a natural fact?

—

**CORRECT** // AND YOU KNOW, IT AIN'T FICTION, JUST A NATURAL FACT

## Lost in a tree

—

**CORRECT** // LOST IN A DREAM

*DOMINO DANCING*

# (Ole, Ole) Watch the world fall down

—

***CORRECT*** // (ALL DAY, ALL DAY) WATCH THEM ALL FALL DOWN

*ARTIST*

# *Pet Shop Boys*

*WEST END GIRLS*

## Who do you think you are, Joe's darling?

—

***CORRECT*** // WHO DO YOU THINK YOU ARE, JOE STALIN?

*ALWAYS ON MY MIND*

## You were horses on my mind

—

***CORRECT*** // YOU WERE ALWAYS ON MY MIND

# This is the new stuff
# I don't mind singin'

—

***CORRECT*** // THIS IS THE NEW STUFF
GO DANCING IN

# *Peter Ga*

## All the footless soldiers

—

***CORRECT*** // ALL OUR FRUITLESS SEARCHES

## I've kicked the rabbit shaved my skin

—

***CORRECT*** // I'VE KICKED THE HABIT SHED MY SKIN

**briel**

## Choco-monkey

—

***CORRECT*** // SHOCK THE MONKEY

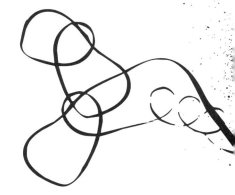

# You're the Obi-Wan, who really knew me at all

—

*CORRECT* // YOU'RE THE ONLY ONE, WHO REALLY KNEW ME AT ALL

# Phil Col

*DON'T LOSE MY NUMBER*

## Jupiter won't be alive

—

*CORRECT* // YOU BETTER RUN FOR YOUR LIFE

# I've been waiting for this summer for all of my life

---

*CORRECT* // I'VE BEEN WAITING FOR THIS MOMENT FOR ALL OF MY LIFE

# I'm an old and married man

---

*CORRECT* // I'M AN ORDINARY MAN

# I'll just save the world, oh

---

*CORRECT* // I JUST SAY THE WORD, OH

# Products Bands Should Promote Based on Their Names

Most band names seem to have very little connection with what their music sounds like. If these bands weren't already in the music business, they could capitalize on these business ideas based on their names.

↘ **METALLICA SHOULD ENDORSE BLACKSMITHS.**

↘ **SIMPLE MINDS SHOULD ENDORSE COMPLETE IDIOT'S GUIDE BOOKS.**

↘ **STRAY CATS SHOULD ENDORSE THE ANIMAL RESCUE LEAGUE.**

↘ **TALK TALK SHOULD ENDORSE TELEPHONE COMPANIES.**

↘ **TEARS FOR FEARS SHOULD ENDORSE PSYCHOLOGISTS.**

↘ **.38 SPECIAL SHOULD ENDORSE SMITH & WESSON.**

## ANOTHER BRICK IN THE WALL, PART II

### No "Dukes of Hazzard" in the classroom

—

**CORRECT //** NO DARK SARCASM IN THE CLASSROOM

## LEARNING TO FLY

### How can I escape this irresistible grass

—

**CORRECT //** HOW CAN I ESCAPE THIS IRRESISTIBLE GRASP

## COMFORTABLY NUMB

# I have a cold, comfort me, Mum

—

**CORRECT //** I HAVE BECOME COMFORTABLY NUMB

## ARTIST

# *Pink Floyd*

## DEBASER

# I'm gonna shake and abuse ya

—

*CORRECT* // BUT I AM UN CHIEN ANDALUSIA

## ARTIST

# The Pixies

## GIGANTIC

### They pile, they pile, they pile the salad bar

—

*CORRECT* // HEY PAUL, HEY PAUL, HEY PAUL LET'S HAVE A BALL

## MONKEY GONE TO HEAVEN

### This Monday's bound to happen

—

*CORRECT* // THIS MONKEY'S GONE TO HEAVEN

# Remove a Letter from a Song Title

Songs that would be improved if the performer removed a single letter from the title.

↘ **PETTY IN PINK**
"PRETTY IN PINK"
BY THE PSYCHEDELIC FURS

↘ **AD SONGS (SAY SO MUCH)**
"SAD SONGS (SAY SO MUCH)"
BY ELTON JOHN

↘ **HOCK THE MONKEY**
"SHOCK THE MONKEY"
BY PETER GABRIEL

↘ **YOU GOT LUCY**
"YOU GOT LUCKY" BY TOM PETTY
& THE HEARTBREAKERS

↘ **FUNKY COLD MEDIA**
"FUNKY COLD MEDINA"
BY TONE LOC

↘ **YOU HAVE PLACED A HILL IN MY HEART**
"YOU HAVE PLACED A CHILL IN MY HEART" BY EURYTHMICS

# Bad Choices for On-hold Music

Songs you don't want to hear while waiting on hold for a particular business.

↘ **"DARE TO BE STUPID"**
**BY "WEIRD AL" YANKOVIC**
MENSA

↘ **"HURTS SO GOOD"**
**BY JOHN COUGAR MELLENCAMP**
MASOCHISTS ANONYMOUS
HOTLINE

↘ **"I FEEL FREE"**
**BY BELINDA CARLISLE**
MAXIMUM SECURITY PRISON

↘ **"LUCKY NUMBER"**
**BY LENE LOVICH**
GAMBLERS ANONYMOUS

↘ **"RADIOACTIVE" BY THE FIRM**
NUCLEAR POWER PLANT

↘ **"UNDER PRESSURE"**
**BY QUEEN AND DAVID BOWIE**
STRESS RELIEF HOTLINE

# Every road has its toll

—

***CORRECT*** // EVERY ROSE
HAS ITS THORN

## I disconnect my phone every now and then

—

***CORRECT*** // I JUST LIKE MY FUN
EVERY NOW AND THEN

## Hot Skinny Butt

—

***CORRECT*** // UNSKINNY BOP

# Poison

# Just like the old man who Got bit by an apricot

—

*CORRECT* // JUST LIKE THE OLD MAN
IN THAT BOOK BY NABOKOV

The Pol

## I'm a pool of apes

—

*CORRECT* // MY POOR HEART ACHES

## Hairy little thing she got is magic

—

*CORRECT* // EVERY LITTLE THING
SHE DOES IS MAGIC

## There's a little black spot on your lung today

—

**CORRECT** // THERE'S A LITTLE BLACK SPOT ON THE SUN TODAY

## We are carrots, in the cereal bowl

—

**CORRECT** // WE ARE SPIRITS IN THE MATERIAL WORLD

## Rescue me before I fall into the sparrow

—

**CORRECT** // RESCUE ME BEFORE I FALL INTO DESPAIR, OH

## Caught between the skillet and your rib dish

—

**CORRECT** // CAUGHT BETWEEN THE SCYLLA AND CHARIBDES

# *The Pretenders*

## BACK ON THE CHAIN GANG

### Therefore to ruin one day, Were making us fart

—

***CORRECT //*** THEY'LL FALL TO RUIN ONE DAY, FOR MAKING US PART

## BRASS IN POCKET

### Got Bible, I'm gonna use it

—

***CORRECT //*** GOT BOTTLE, I'M GONNA USE IT

## DON'T GET ME WRONG

### Don't get me robbed

—

***CORRECT //*** DON'T GET ME WRONG

# Songs from the '80s Mashed Up with Newer Songs

Remix artists are constantly combining songs in new and exciting ways. Here are some proposed titles for combinations they might try mixing an '80s tune and a song that came out after the decade was over.

↘ **EVERY ZOMBIE DAY IS HALLOWEEN**

"(EVERY DAY IS) HALLOWEEN" BY MINISTRY & "ZOMBIE" BY THE CRANBERRIES

↘ **YOU'RE NOT DRINKING ENOUGH GIN AND JUICE**

"GIN AND JUICE" BY SNOOP DOGG & "YOU'RE NOT DRINKING ENOUGH" BY DON HENLEY

↘ **BABY, HIT ME WITH YOUR RHYTHM STICK ONE MORE TIME**

"HIT ME WITH YOUR RHYTHM STICK" BY IAN DURY & THE BLOCKHEADS & ". . . BABY ONE MORE TIME" BY BRITNEY SPEARS

↘ **I DON'T WANT YOU TO GO INSANE**

"I DON'T WANT YOU TO GO" BY CAROLYN DAWN JOHNSON & "GO INSANE" BY LINDSEY BUCKINGHAM

↘ **AMERICAN IDIOT WITH THE PURPLE TOUPEE**

"AMERICAN IDIOT" BY GREEN DAY & "PURPLE TOUPEE" BY THEY MIGHT BE GIANTS

↘ **CALL ME AND ANSWER**

"CALL ME" BY BLONDIE & "CALL & ANSWER" BY BARENAKED LADIES

# Ain't no particular side and a bat of a whip

—

*CORRECT //* AIN'T NO PARTICULAR SIGN I'M MORE COMPATIBLE WITH

# *Prince*

## LITTLE RED CORVETTE

### Real men commence

—

*CORRECT //* LITTLE RED CORVETTE

## RASPBERRY BERET

### Rags, miracle rags

—

*CORRECT //* RASPBERRY BERET

# Maybe I'm just like my father two-fold

—

***CORRECT*** // MAYBE I'M JUST LIKE MY FATHER, TOO BOLD

# So if I got a dime, I'm gonna listen to my party tonight

—

***CORRECT*** // SO IF I GOTTA DIE, I'M GONNA LISTEN TO MY BODY TONIGHT

## ANOTHER ONE BITES THE DUST

# And a number one bus and a number one bus

—

*CORRECT //* AND ANOTHER ONE GONE, AND ANOTHER ONE GONE

## CRAZY LITTLE THING CALLED LOVE

### She leaves me in a cocoa sweat

—

*CORRECT //* SHE LEAVES ME IN A COOL, COOL SWEAT

## SAVE ME

### Said the maid of puppet land

—

*CORRECT //* THEY SAID WE MADE A PERFECT PAIR

## ARTIST

# Quiet Rio

**METAL HEALTH (BANG YOUR HEAD)**

## Bang your head!
## That will help to drive you mad

*CORRECT* // BANG YOUR HEAD!
METAL HEALTH WILL DRIVE YOU MAD

# Real Life

**SEND ME AN ANGEL**

## Send me an eggshell

*CORRECT* // SEND ME AN ANGEL

# Rick Astley

**NEVER GONNA GIVE YOU UP**

## Colonel Sanders in love

*CORRECT* // WE'RE NO STRANGERS TO LOVE

# R.E.M.

### IT'S THE END OF THE WORLD AS WE KNOW IT (AND I FEEL FINE)

## Lenny Bruce in birthday pants

—

*CORRECT* // LENNY BRUCE AND LESTER BANGS

### THE ONE I LOVE

## A single crop to occupy my time

—

*CORRECT* // A SIMPLE PROP TO OCCUPY MY TIME

### STAND

## If bushes were trees The trees would be falling

—

*CORRECT* // IF WISHES WERE TREES THE TREES WOULD BE FALLING

# Corndog winter's night

—

*CORRECT //* COLD DARK WINTER'S NIGHT

# *REO Speedwagon*

## You could've left him only, for a nickle and a baloney

—

*CORRECT //* YOU COULD'VE LEFT HIM ONLY, FOR AN EVENING LET HIM BE LONELY

## Curtis, I'm a friend who, Curtis I'm another, you been messin' around

—

*CORRECT //* HEARD IT FROM A FRIEND WHO HEARD IT FROM ANOTHER, YOU'VE BEEN MESSIN' AROUND

# Have a little blonde faithfully

—

***CORRECT*** // HAVE A LITTLE BLIND FAITH, BELIEVE

# Rick Springfield

## Invade a minute, mow the lawn

—

***CORRECT*** // VIENS DORMIR, MON AMOUR

## And she's lovin' him with barnyard kissing noises

—

***CORRECT*** // AND SHE'S LOVIN' HIM WITH THAT BODY, I JUST KNOW IT

# Robert Palmer

**SIMPLY IRRESISTIBLE**

## Her cantaloupe is mythical

*CORRECT* // THAT KIND OF LOVE IS MYTHICAL

# The Romantics

**TALKING IN YOUR SLEEP**

## Eating tacos in your sleep

*CORRECT* // WHEN YOU'RE TALKING IN YOUR SLEEP

# Roxy Music

**AVALON**

## Have a loan

*CORRECT* // AVALON

# The Rolli

**MIXED EMOTIONS**

## You're not the only one with Mick's demotion!

—

*CORRECT* // YOU'RE NOT THE ONLY ONE

**SHE'S SO COLD**

## A sweet sweet booty but so, so cold

—

*CORRECT* // A SWEET SWEET BEAUTY BUT STONE STONE COLD

# Watching girls go passing by It ain't the ladies' thing

—

*CORRECT* // WATCHING GIRLS GO PASSING BY
IT AIN'T THE LATEST THING

# ng Stones

## It's insomnia

—

*CORRECT* // IF YOU START ME UP

## Undercover in the name

—

*CORRECT* // UNDERCOVER
OF THE NIGHT

# Slides like a pumpkin that hit the street

—

*CORRECT* // THE EYES OF A LOVER THAT HIT LIKE HEAT

# Roxette

## It must have been rum, but I'm sober now

—

*CORRECT* // IT MUST HAVE BEEN LOVE, BUT IT'S OVER NOW

## Lover was a quitter, taste you like a rainbow

—

*CORRECT* // NEVER WAS A QUITTER, TASTY LIKE A RAINDROP

# Songs from the '80s Mashed Up with Older Songs

Remix artists are constantly combining songs in new and exciting ways. Here are some proposed titles for combinations they might try with an '80s tune and an even older song.

↘ **GRANDMA GOT RUN OVER BY RUDOLPH THE RED-NOSED REINDEER**

"RUDOLPH THE RED-NOSED REINDEER" BY GENE AUTRY & "GRANDMA GOT RUN OVER BY A REINDEER" BY ELMO & PATSY

↘ **YOU KEEP A' LOVIN' ME, AND I KEEP ON LOVIN' YOU**

"KEEP A' LOVIN' ME" BY THE EVERLY BROTHERS & "KEEP ON LOVING YOU" BY REO SPEEDWAGON

↘ **THE LONG AND WINDING ROAD TO NOWHERE**

"THE LONG AND WINDING ROAD" BY THE BEATLES & "ROAD TO NOWHERE" BY TALKING HEADS

↘ **BAD MOON RISING ON NEW MONDAY**

"BAD MOON RISING" BY CREEDENCE CLEARWATER REVIVAL & "NEW MOON ON MONDAY" BY DURAN DURAN

↘ **SHE'S GOT YOU BACK ON THE CHAIN GANG**

"SHE'S GOT YOU" BY PATSY CLINE & "BACK ON THE CHAIN GANG" BY THE PRETENDERS

↘ **DON'T STOP TALKING IN YOUR SLEEP**

"DON'T STOP" BY FLEETWOOD MAC & "TALKING IN YOUR SLEEP" BY THE ROMANTICS

## ALL THE THINGS SHE SAID

### Take me to the streets where the vampires run

—

*CORRECT* // TAKE ME TO THE STREETS WHERE THE BONFIRES BURN

## DON'T YOU (FORGET ABOUT ME)

### I won't harm you or touch your dimensions

—

*CORRECT* // I WON'T HARM YOU OR TOUCH YOUR DEFENSES

## ALIVE AND KICKING

### I love a chicken

—

*CORRECT* // ALIVE AND KICKING

## ARTIST

# *Simple Minds*

*ARTIST*

# Skid Row

**18 AND LIFE**

## 18 and life's retarded

*CORRECT* // 18 AND LIFE, YOU GOT IT

*ARTIST*

# Soft Cel

**TAINTED LOVE**

## The lovely Cher seems to go nowhere

*CORRECT* // THE LOVE WE SHARE SEEMS TO GO NOWHERE

*ARTIST*

# Spandau Balle

**GOLD**

## Thank you for coming
## I'm sorry the cheese rolls are cold

*CORRECT* // THANK YOU FOR COMING HOME
I'M SORRY THAT THE CHAIRS ARE ALL WORN

# Cactus is nice, but cactus can't stop you

*CORRECT* // COYNESS IS NICE, BUT COYNESS CAN STOP YOU

# The Smi

**BIGMOUTH STRIKES AGAIN**

## I'd like to mash a green tooth in your head

*CORRECT* // I'D LIKE TO SMASH EVERY TOOTH IN YOUR HEAD

**HOW SOON IS NOW?**

## I am the summoner

*CORRECT* // I AM THE SON AND THE HEIR

# School for cats

—

# Beat me up with your lettuce
# Your walk out notes

—

# Maid Marian, I've heard, picks her feet

—

**CORRECT //** MAID MARIAN ON HER TIPTOED FEET

*ARTIST*

# Squeeze

**TEMPTED**

## Tempted by the foot of your mother

—

**CORRECT //** TEMPTED BY THE FRUIT OF ANOTHER

**853-5937**

## Angela come naked to the phone

—

**CORRECT //** ANGELA CAN'T MAKE IT TO THE PHONE

# Newer Songs Respond to '80s Songs

These are songs from the '80s that, based on their titles, could be answered by songs that came out after that decade ended.

↘ **"(I JUST) DIED IN YOUR ARMS TONIGHT" BY CUTTING CREW**

"HA HA YOU'RE DEAD"
BY GREEN DAY

↘ **"I LOST ON JEOPARDY" BY "WEIRD AL" YANKOVIC**

"LOSER" BY BECK

↘ **"I STILL HAVEN'T FOUND WHAT I'M LOOKING FOR" BY U2**

"WHOOMP! (THERE IT IS)"
BY TAG TEAM

↘ **"I TOUCH MYSELF" BY THE DIVINYLS**

"BAD TOUCH"
BY THE BLOODHOUND GANG

↘ **"JANIE'S GOT A GUN" BY AEROSMITH**

"HIT THE FLOOR"
BY LINKIN PARK

↘ **"WHAT IS LOVE?" BY HOWARD JONES**

"NO ONE KNOWS"
BY QUEENS OF THE STONE AGE

# And we can build this dream together, Stan is gone forever

*CORRECT* // AND WE CAN BUILD THIS DREAM TOGETHER
STANDING STRONG FOREVER

*ARTIST*

# *Starship*

*SARA*

## Sara, Sara Stone Tupperware in your eyes

*CORRECT* // SARA, SARA
STORMS ARE BREWING IN YOUR EYES

*WE BUILT THIS CITY*

## My pony plays the mamba

*CORRECT* // MARCONI PLAYS
THE MAMBA

# I'll be back in the high life of fans

—

*CORRECT* // I'LL BE BACK IN THE HIGH LIFE AGAIN

## In the know, and a flight can do

—

*CORRECT* // DON'T YOU KNOW WHAT THE NIGHT CAN DO?

## Bake me a pie of love

—

*CORRECT* // BRING ME A HIGHER LOVE

## Bald-headed baby

—

***CORRECT*** // ROLL WITH IT, BABY

## Valerie, color me

—

***CORRECT*** // VALERIE, CALL ON ME

# Just like the one we know
# Sings a song, says I should sing it

—

*CORRECT* // JUST LIKE THE WHITE-WINGED DOVE
SINGS A SONG SOUNDS LIKE SHE'S SINGING

# Stev

## Give to me your leather
## Take from me my legs

—

*CORRECT* // GIVE TO ME YOUR LEATHER
TAKE FROM ME MY LACE

## Don't let the wine cloud my memory

—

**CORRECT** // LONG NETS OF WHITE CLOUD MY MEMORY

## A wound gets worse when it's treated with dead rats

—

**CORRECT** // A WOUND GETS WORSE WHEN IT'S TREATED WITH NEGLECT

# ie Nicks

## Just like a weirdo, I can bend

—

**CORRECT** // LIKE A WILLOW, I CAN BEND

## I feel so helpless
## Like a cheseburger
## with fries

—

*CORRECT* // I FEEL SO HELPLESS
LIKE A BOAT AGAINST THE TIDES

## Is it any wonder
## I'm unemployed?

—

*CORRECT* // IS IT ANY WONDER
I'M NULL AND VOID?

# Double chocolate gato, Mr Roboto

*CORRECT* // DOMO ARIGATO,
MR ROBOTO

**Styx**

### In the darkest night, laughing like a spider

—

**CORRECT** // IN THE DARKEST NIGHT, RISING LIKE A SPIRE

### There you stood, Bible teacher

—

**CORRECT** // THERE YOU STOOD, THAT'LL TEACH YA

## Show me that you care for dad

—

**CORRECT** // SHOW ME THAT YOU GIVE A DAMN

*Survivor*

# Missing in love, but here all right

—

*CORRECT* // MISSING ENOUGH TO FEEL ALL RIGHT

# Talkin

*BURNING DOWN THE HOUSE*

## Stinks like Dinah's finger

—

*CORRECT* // STRANGE BUT NOT A STRANGER

*GIRLFRIEND IS BETTER*

## I got a girlfriend with bones in her hair

—

*CORRECT* // I GOT A GIRLFRIEND WITH BOWS IN HER HAIR

## Cycle thriller, use Cascade

—

*CORRECT* // PSYCHO KILLER,
QU'EST QUE C'EST

# g Heads

## You get a boat and you tug the line

—

*CORRECT* // YOU GET ON BOARD
ANYTIME YOU LIKE

## ARTIST
# homas Dolby

*SHE BLINDED ME WITH SCIENCE*

## It's planetary motion

*CORRECT* // IT'S POETRY IN MOTION

## ARTIST
# iffany

*I THINK WE'RE ALONE NOW*

## The feeding of an ox is the only sound

*CORRECT* // THE BEATING OF OUR HEARTS IS THE ONLY SOUND

## ARTIST
# oni Basil

*MICKEY*

## Oh please, baby, please don't leave me in this jail

*CORRECT* // OH PLEASE, BABY, PLEASE
DON'T LEAVE ME IN THIS JAM

# Married women lack our vision

—

***CORRECT*** // MARRIED WITH A LACK OF VISION

## I wanted to be with you alone, and talk about the weapons

—

***CORRECT*** // I WANTED TO BE WITH YOU ALONE, AND TALK ABOUT THE WEATHER

## Sewing machine of love

—

***CORRECT*** // SOWING THE SEEDS OF LOVE

# Tears for Fears

# That Wasn't Original?

Songs that were more popular the second (or third, or fourth) time they were recorded

↘ **"JUST A GIGOLO" BY DAVID LEE ROTH**
PERFORMED FIRST BY LOUIS PRIMA

↘ **"VIDEO KILLED THE RADIO STAR" BY THE BUGGLES**
PERFORMED FIRST BY BRUCE WOOLLEY & THE CAMERA CLUB

↘ **"MAMA WE'RE ALL CRAZEE NOW" BY QUIET RIOT**
PERFORMED FIRST BY SLADE

↘ **"MICKEY" BY TONI BASIL**
PERFORMED FIRST BY RACEY AS A SONG CALLED "KITTY"

↘ **"MONEY CHANGES EVERYTHING" BY CYNDI LAUPER**
PERFORMED FIRST BY THE BRAINS

↘ **"TAINTED LOVE" BY SOFT CELL**
PERFORMED FIRST BY GLORIA JONES

# Can't you see my urine's burning?

—

*CORRECT* // CAN'T YOU SEE I'M BURNING, BURNING?

# *Thompson Twins*

## Let love install

—

*CORRECT* // LET LOVING START

## White ones and wigwams

—

*CORRECT* // WHITE ONES AND RED ONES

# You're walking away with my towel and my soap

—

*CORRECT //* YOU'RE WALKING AWAY WITH MY HEART AND MY SOUL

# Tina Turner

## Duck marks the dollars

—

*CORRECT //* DEUTSCHMARKS OR DOLLARS

## What's love but a second hand in motion?

—

*CORRECT //* WHAT'S LOVE BUT A SECOND HAND EMOTION?

# Twisted Sister

## Oh you're so cop-descending

*CORRECT //* OH YOU'RE SO CONDESCENDING

# UB40

## Monkey jockey pocket gonna feel real fine

*CORRECT //* MONKEY PACK HIM RIZLA PON THE SWEET DEP LINE

# The Violent Femmes

## When I eat beets, I stain my sheets

*CORRECT //* BODY AND BEATS, I STAIN MY SHEETS

# om Petty & the Heartbreakers

**FREE FALLIN'**

## Loves Cheez-Its and America too

—

*CORRECT* // LOVES JESUS, AND AMERICA TOO

**REBELS**

## I was Barney Rubble

—

*CORRECT* // I WAS BORN A REBEL

**RUNNIN' DOWN A DREAM**

## I'm running down the drain

—

*CORRECT* // I'M RUNNIN' DOWN A DREAM

# Add a Letter to a Song Title

Songs that would be improved if the performer added an extra letter to the title.

**IT'S DRAINING MEN**
"IT'S RAINING MEN"
BY WEATHER GIRLS

**SHOT IN THE CITY**
"HOT IN THE CITY"
BY BILLY IDOL

**MORNING STRAIN**
"MORNING TRAIN (NINE TO FIVE)"
BY SHEENA EASTON

**GRANDMA GOTH, RUN OVER BY A REINDEER**
"GRANDMA GOT RUN OVER BY A REINDEER" BY ELMO & PATSY

**HELL IS FOUR CHILDREN**
"HELL IS FOR CHILDREN"
BY PAT BENATAR

**OUR SLIPS ARE SEALED**
"OUR LIPS ARE SEALED"
BY THE GO-GO'S

# I left my brains down in Africa

—

***CORRECT*** // I BLESS THE RAINS DOWN IN AFRICA

*ARTIST*

# Toto

*HOLD THE LINE*

## Love is a four-way stop sign

—

***CORRECT*** // LOVE ISN'T ALWAYS ON TIME

*ROSANNA*

## Meat chewed all the way

—

***CORRECT*** // MEET YOU ALL THE WAY

**ARTIST**

# U2

---

**SUNDAY BLOODY SUNDAY**

## When fact is fiction and should be reality

—

***CORRECT*** // WHEN FACT IS FICTION AND TV REALITY

---

**PRIDE (IN THE NAME OF LOVE)**

## Lemonade of love

—

***CORRECT*** // IN THE NAME OF LOVE

---

**WITH OR WITHOUT YOU**

## Slice of ham and piece of cake

—

***CORRECT*** // SLEIGHT OF HAND AND TWIST OF FATE

## Have you dug Junior's grave?

—

***CORRECT*** // HAVE YOU SEEN JUNIOR'S GRADES?

## You've got to roll with the punches to get to your meal

—

***CORRECT*** // YOU'VE GOT TO ROLL WITH THE PUNCHES TO GET TO WHAT'S REAL

## Hey, I heard your math tests were back!

—

***CORRECT*** // HEY, I HEARD YOU MISSED US, WE'RE BACK!

# Van Halen

# Songs from the '80s Mashed Up

Remix artists are constantly combining songs in new and exciting ways. Here are some proposed titles for combinations they might try with pairs of '80s songs.

**↘ THE RHYTHM OF THE HEAT OF THE MOMENT**

"THE RHYTHM OF THE HEAT" BY PETER GABRIEL & "HEAT OF THE MOMENT" BY ASIA

**↘ SAD LOVE SONGS STINK**

"SAD SONGS (SAY SO MUCH)" BY ELTON JOHN & "LOVE STINKS" BY J. GEILS BAND

**↘ WE DON'T NEED ANOTHER HERO TO TAKE A FALL**

"WE DON'T NEED ANOTHER HERO (THUNDERDOME)" BY TINA TURNER & "HERO TAKES A FALL" BY THE BANGLES

**↘ SHARP DRESSED MAN DRESSED FOR SUCCESS**

"SHARP DRESSED MAN" BY ZZ TOP & "DRESSED FOR SUCCESS" BY ROXETTE

**↘ SHE WORKS HARD FOR THE MONEY FOR NOTHING**

"SHE WORKS HARD FOR THE MONEY" BY DONNA SUMMER & "MONEY FOR NOTHING" BY DIRE STRAITS

**↘ VIDEO KILLED THE MEXICAN RADIO STAR**

"VIDEO KILLED THE RADIO STAR" BY THE BUGGLES & "MEXICAN RADIO" BY WALL OF VOODOO

# Wang Chung

**EVERYBODY HAVE FUN TONIGHT**

## Don't hang me like a Barbie Doll

*CORRECT //* DON'T HANG IT ON THE BORDERLINE

# Warrant

**CHERRY PIE**

## You ain't gonna swing with Madonna no more

*CORRECT //* YOU AIN'T GONNA SWING WITH MY DAUGHTER NO MORE

# Whitesnake

**HERE I GO AGAIN**

## Like a drifter, I was born to wear cologne

*CORRECT //* LIKE A DRIFTER, I WAS BORN TO WALK ALONE

# Songs of the '80s Respond to Older Songs

These are songs from the '80s that, based on their titles, could be used to answer older songs.

↘ **"HUSH" BY DEEP PURPLE**

"I WILL NOT GO QUIETLY"
BY DON HENLEY

↘ **"I STARTED A JOKE"
BY THE BEE GEES**

"THAT JOKE ISN'T FUNNY
ANYMORE" BY THE SMITHS

↘ **"WHAT'D I SAY"
BY RAY CHARLES**

"I DON'T REMEMBER"
BY PETER GABRIEL

↘ **"(LOVE IS LIKE A) HEAT WAVE"
BY MARTHA & THE VANDELLAS**

"I MELT WITH YOU"
BY MODERN ENGLISH

↘ **"TELL ME WHY" BY THE BEATLES**

"OUR LIPS ARE SEALED"
BY THE GO-GO'S

↘ **"GOING TO MEXICO"
BY THE STEVE MILLER BAND**

"CAN'T GET THERE FROM HERE"
BY R.E.M.

# If my best isn't good enough Then how can it be good and ugly too

—

***CORRECT*** // IF MY BEST ISN'T GOOD ENOUGH
THEN HOW CAN IT BE GOOD ENOUGH FOR TWO

## Wealthy children got no rhythm

—

***CORRECT*** // GUILTY FEET
HAVE GOT NO RHYTHM

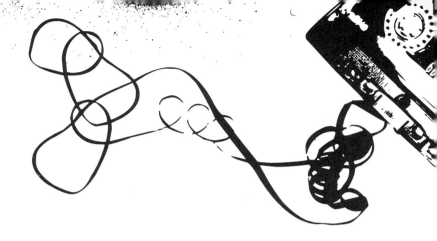

# Wham!

---

*LAST CHRISTMAS*

## This year two semi-front ears

—

***CORRECT*** // THIS YEAR,
TO SAVE ME FROM TEARS

---

*WAKE ME UP BEFORE YOU GO-GO*

## Don't leave me lying on the floor without you

—

***CORRECT*** // DON'T LEAVE ME HANGING
ON LIKE A YO-YO

# Whitney Houston

### GREATEST LOVE OF ALL

## I never found anyone who could feel my knees

—

***CORRECT*** // I NEVER FOUND ANYONE TO FULFILL MY NEEDS

### HOW WILL I KNOW

## I'm asking you what you know about bee stings

—

***CORRECT*** // I'M ASKING YOU WHAT YOU KNOW ABOUT THESE THINGS

### SAVING ALL MY LOVE FOR YOU

## But that's just an old bathtub scene

—

***CORRECT*** // BUT THAT'S JUST AN OLD FANTASY

*MAYOR OF SIMPLETON*

## And I may be the mayor of simple tongue

*CORRECT* // AND I MAY BE THE MAYOR OF SIMPLETON

*SITUATION*

## You know I dress for every situation

*CORRECT* // BLUE-EYED DRESSED FOR EVERY SITUATION

*OWNER OF A LONELY HEART*

## Owner of a smoker's cough

*CORRECT* // OWNER OF A BROKEN HEART

# Hit me like a tunnel head

—

*CORRECT //* HIT ME LIKE A TON OF LEAD

## I'm bad, I'm Asian white

—

*CORRECT //* I'M BAD, I'M NATIONWIDE

## Slip 'n slide, I'll see her back

—

*CORRECT //* SLIP INSIDE MY SLEEPING BAG

*ARTIST*

ZZ Top

# Credits and Acknowledgments

This book wouldn't exist without the contributions made by the visitors to *amiright.com* and *inthe80s.com* over the past ten years, so I am greatly indebted to many people for making this book come together.

I'd like to thank my wife, Susan, and my son, Neal, for their suggestions and patience while I assembled this book.

I'd also like to thank Bill Grosvenor, David R. Smith, and Gerry Gervais for their help in picking out some of the misheard lyrics.

Special thanks go out to IndyGent for all the work he put into approving new misheard lyrics entries for several years now. Kudos also to Karen, who has taken over the task as of late.

Without the editors and moderators of *amiright.com*, *inthe80s.com*, and *inthe00s.com*, I probably never would have reviewed the majority of the submissions received over the years. Thank you to *80s Cheerleader, Andrew G. Rock, Belle du Jour, BelowAverageDave, Bobo, Brian, CatwomanofV, Ceramics Fanatic, Dagwood, Dominic L., Electric Blue, Gwen, HawkTheSlayer, holicman, IndyGent, Jacks, Jeff Reuben, Joe "70smoviefan" Smith, Karen, LucidLupin, lpg_unit, Mandamoo, Meat, MidKnightDarkness, MooRocca, nally, Odyssey, Powerslave, Quirk, Red Ant, RetroGuyDK, Rubix Girl, Silver Power, Stingr22, SusanG, Tam, Tia, Vapor Trails*, and *whistledog*.

Thank you to the contributors to the misheard lyrics and other sections of *amiright.com* and *inthe80s.com*. There is not enough room to list everyone (even where they are known).